幼稚園や保育所に勤務する保育者のみならず，親をはじめとした保護者や大人の責任と義務には重いものがある。もちろん子どもにふれる仕事や生活には，喜びも多い。これまで以上に，保育の質が問われている。高品質の保育実践をどこまで提供できるのか。その責任と義務が保育所や幼稚園にはある。本書『保育内容総論』に参画いただいた執筆者は，幼稚園や保育所に，そして大学に勤務し，さまざまな切り口から保育実践に関心をもって研究を進めている人たちである。保育者として，管理職として，そして研究者として，それぞれの立場から，これまでに情報を交換したり，いっしょに研究や執筆の活動をしたりしている。本書は，いろいろな人たちに読んでもらいたい。教職や保育職を志望する人たちはいうまでもなく，現職や行政の人たちにも，そして保護者にも頁をめくってもらいたい。それぞれの立場で，気軽に読み進めていただいて，確かめや新しい学びの機会が得られるとすれば，編者としてこの上ない喜びである。

　本書の出版のためにさまざまなご高配を賜った。ミネルヴァ書房の杉田啓三社長，編集のために多大のご尽力をいただいた浅井久仁人氏をはじめ，関係の方々に厚く御礼を申し上げたい。

　　2006年9月

編者　田中　亨胤
　　　名須川　知子

保育内容総論　目　次

はじめに

第1章　生涯発達と保育内容 …………………………………… 1
 1　人から人間に育つ ………………………………………… 1
 2　生活をととのえる ………………………………………… 7
 3　生涯発達からみた子ども期 ……………………………… 13

第2章　乳児・低年齢児の園生活と保育内容 ………………… 16
 1　保育所保育と3歳未満児の保育内容 …………………… 16
 2　0歳児の生活と保育内容 ………………………………… 19
 3　1歳児の生活と保育内容 ………………………………… 23
 4　2歳児の生活と保育内容 ………………………………… 26
 5　3歳未満児と向きあう保育者の姿勢 …………………… 28

第3章　3歳児の園生活と保育内容 …………………………… 33
 1　生活の自立：基本的な生活習慣と保育内容 …………… 33
 2　保育者とのかかわり ……………………………………… 40
 3　仲間とのかかわりの芽生え ……………………………… 43
 4　物とのかかわり …………………………………………… 46

第4章　4歳児の園生活と保育内容 …………………………… 49
 1　園生活をよりよくするための生活習慣 ………………… 49
 2　仲間とのかかわり ………………………………………… 54
 3　イメージと保育内容：ごっこ遊び ……………………… 58

第5章　5歳児の園生活と保育内容 …………………………… 64
 1　5歳児の生活計画 ………………………………………… 64

2　共同体としての遊び……………………………………………71
　　　3　小学校との連携………………………………………………75
第6章　特別支援としての保育内容……………………………………82
　　　1　特別支援の保育内容のあり方…………………………………82
　　　2　特別支援の保育内容の実際……………………………………85
　　　3　特別支援の保育内容の課題……………………………………92
第7章　園生活から学ぶ生きる力………………………………………96
　　　1　互い生活の秘密…………………………………………………96
　　　2　遊びのなかで育つ………………………………………………101
　　　3　コミュニケーションのある園生活……………………………106
第8章　環境とかかわる遊びの生活……………………………………110
　　　1　遊びと保育内容…………………………………………………110
　　　2　環境の変化と保育内容…………………………………………114
　　　3　人的環境としての保育者………………………………………117
第9章　保育内容の計画…………………………………………………123
　　　1　教育課程…………………………………………………………123
　　　2　長期指導計画……………………………………………………127
　　　3　短期指導計画……………………………………………………135
第10章　保育内容の変遷と時間割の変化………………………………141
　　　1　保育内容変遷の概要……………………………………………141
　　　2　時間割と保育内容………………………………………………147
第11章　特色ある保育内容と実践………………………………………157
　　　1　保育内容の質と変化……………………………………………157
　　　2　保育内容の総合性………………………………………………166

　　　　　　　　　　　　　　　　　　　　　　　　　　目　次

第**12**章　保育内容の課題と展望………………………………………172
　　1　保育内容の現在…………………………………………………172
　　2　「ねらい」と保育内容の関係性………………………………175
　　3　保育内容構築の課題……………………………………………184

索　引

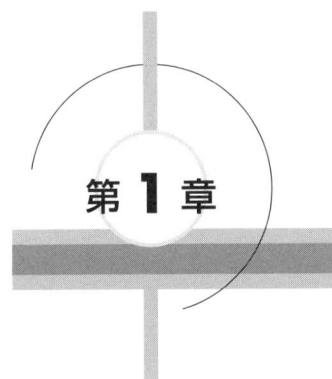

第1章 生涯発達と保育内容

　本章では，幼児期に「耕す」「培う」「育む」とする観点から，幼児期ならではの「保育内容」の受け止め方を学ぶことにする。「保育内容」は，生涯の発達にとっての基盤になる。そこで，「人から人間に育つ」「生活をととのえる」「生涯発達からみた子ども期」を取り上げ，これらを窓口として「保育内容」を把握することとする。

1　人から人間に育つ

(1) 赤ちゃんの時期

　「生理的早産」(A. ポルトマン) といわれる生まれて間もない乳児期には，あるがままが全面的に許容され受容される存在である。少しずつまわりの人たちの存在にふれながら，子ども期を「ヒト」から「人」に，「人」から「人間」に向けて育っていくことになる。

　赤ちゃんの時期は，生物学的成長あるいは系統発生の時期である。「ヒト」ではあるが，毎日の成長の姿には目を見張るものがある。成長に勢いがある。誕生を迎えるまでの一年間に，一気に「人」や「人間」の雰囲気を獲得していく。

　この一年間に限らないが，赤ちゃんが育つためには，基本的な環境として，次のような配慮が基盤となる。

① 生存権の保障
　依存状態で生まれることから，全面的な保護育成が必要となる。その一つは，授乳である。母乳であれ，人工栄養であれ，保護者は栄養補給をする責任と義務がある。授乳放棄は虐待行為になる。赤ちゃんの命を奪うことになる。
　授乳と同様の重みをもつのは，身辺の処理である。身体の清潔，衣服の着脱，排泄の処理などである。身辺の処理が恒常的に放棄されると，皮膚疾患にとどまらないさまざまな疾病が生じ，赤ちゃんの命が奪われることになる。
　「授乳」や「身辺処理」の環境が整うことによって，快適かつ十分な「睡眠」が保障される。「睡眠」は，「休息」であり，生きるための活力を「ためこむ」生活である。安定した「睡眠」リズムが，赤ちゃんの健康の基本となる。
② 自立への歩みの生活

泣く　　赤ちゃんは，「泣く」ことによって，何らかのメッセージを伝える。「空腹」を知らせるために激しく泣く。「眠い」ことを知らせるためにぐずるように泣く。「排泄」や「生理的不快」を知らせるために断続的に泣く。その泣き方は，赤ちゃんによって微妙に異なる。日常的に育児にかかわっている人ならではのみきわめ技がある。このように「泣く」ことの受け止めがなされることによって，赤ちゃんはコミュニケーション・ツールとして，「泣く」ことを体制化させていく。わざとらしく「泣く」，驚いたときに「泣く」，不快を覚えるときに「泣く」など，赤ちゃんには「泣く」ことの表現力が身に付いてくる。

喃語から初語　　「泣く」ことの体制化・意味化を基盤にしながら，「ことば」らしきものが生まれてくる。「アーアー」や「ウーウー」などの「喃語」が出てくる。「喃語」は，「ことば」の萌芽であり，やがて「初語」としての「一語文」や「片言」が使われ始める。「睡眠」「排泄」「授乳」の繰り返しの生活に「やりとり」が見られるようになり，赤ちゃんらしさが少しずつ薄れていく。赤ちゃんとの「やりとり」が楽しくなる。

這えば立て，立てば歩め　　新生児の時期を過ぎると，赤ちゃんの動きは刻々と変化する。四肢を動かしたり，体を捩ったりする。

やがて,「寝返り」を打つようになり,「はいはい」(匍匐運動),「つかまり立ち」をするようになる。何気なく動いているようにもみえるが,まわりの環境に気持ちを動かして,その環境に向いたり,近づこうとしたりする。これらは探索行動の基礎になっていく。「這えば立て,立てば歩めの親心」といったことがいわれるが,この頃の時期の赤ちゃんの様子をよく表している。

③　きめ細やかなかかわり

　赤ちゃんの時期は,生理的依存の状態であるがゆえに,保護育成の養育・育児の環境が基本になる。とりわけ穏やかな育児(Soft Mothering/Fathering)を心がけることになる。保護者や保育者による,スキンシップに配慮した敏感で応答的な対応といったきめ細やかなかかわりのなかで,赤ちゃんとの絆がつくられ,赤ちゃんは安定感を得ていく。赤ちゃんは百面相といわれるが,情緒的な状況から,その表情が生み出されていく。その表情に付き合うことは,実に楽しい一時となる。

　しかし,赤ちゃんとのかかわりのなかで,この時期ならではの育児疲労からの育児ストレスも保護者にかかってくる。育児の迷いや不安もでてくる。不幸なことではあるが,育児放棄,遺棄,虐待もあったりする。保護者にとって心身ともに辛い時期である。夫婦や家族の絆を確かなものにすること,育児への参画,協力,理解などの支援,子育て中の親子の仲間づくり,このような子育て環境があれば,保護者の子育てへの心持ちも安定してくる。

(2) 3歳未満の時期

　赤ちゃんの時期を過ぎると,その生活は一変する。離乳によって大人と同じような食生活になる。家族の人たちやまわりの人たちとは,言語によるかかわり合いが組み込まれていく。自立に向けた生活適応の学習がなされていく。「人」から「人間」への歩みの時期にある。1歳,2歳の時期には,心身の両面において,人間形成の基礎づくりがなされる。

①　環境による体質形成

　体質は,遺伝的要因としてとらえるが,生活環境の総体的な影響によるもの

であるととらえることができる。この点からは，子ども期に体質形成がなされるとすることは否定できない。食事内容，栄養バランス，養育態度，生活リズム，環境汚染など，子どもの身近な生活環境は，子どもの基本的な体質を形成していく下地となる。できれば，心身の健康的な体質形成につながる生活環境になることはいうまでもない。

　今，アレルギー症状を訴える子どもたちが多い。その発症原因はさまざまであり，必ずしも特定の原因に限られるものではない。むしろ複合的な原因によるものであり，生活の在り方ともかかわる。アレルギー症状は，一過性のものではなく，長期にわたる。子どもの生活そのものを歪めてしまうことがある。食事内容，居室環境，睡眠などの日々の生活にきめ細かな配慮が必要となる。

② 初期経験としての刷り込み

　社会的な学習が始まる。何もかもがそのままに取り込まれて，学習される。子どもが選択的に取り込む学習ではない。動物行動の研究の知見で紹介されている，「刷り込み」(Imprinting)である。この時期のいわば「初期経験」(Early Experience)は，その後の育ちにつながっていく。精神・情緒及び運動面の基礎的形成に影響していく。

　子どもは，これまでの「生理的依存関係」から「情愛的絆の形成」になり，親や家族の人たちに特別な愛着を抱いていく。この時期にあって，身近な人の存在との関係，たとえば，「親と子」や「家族と子」などの家族関係は，子どもに影響力をもつことになる。親からしっかりと抱いてもらい，愛してもらうことは，格別な意味をもつ「刷り込み」となる。子どもの「安定感」や「自立・自律」の生活の基盤になる。

③ 生理的依存から社会的自立への歩み

　1歳や2歳の子どもにあっては，まだおしめであったり，パンツであったりする。1歳の誕生日を迎えた頃には，幼児語ではあるが，もどかしく「ウンチ」「シーシー」などの言葉を発しながら，排泄の意志をまわりの保護者や保育者に伝えようとする。対応が遅くなると，「失敗」と見なしてしまいがちである。しかし，意志を伝えることは，全面依存ではなく，自立への歩みなので

ある。

　自立への歩みは,「排泄」のほかに,「食事」「うがい」「手洗い」「洗面」「歯磨き」「衣服の着脱」など,基本的な生活課題においてもみられる。子どもは,手や衣服を汚したり,時間がかかり,手間取ったりしながら,生活課題のさまざまをこなし,社会的自立への歩みを積み重ねていく。保護者は,自立していく子どもの姿にふれて,一息ついたり,安堵したり,喜びを感じたりする。「育っている」ことが実感できるからである。

④　安全な生活環境

　「恐怖の2歳児」といわれることがある。この時期ならではの思わぬ事故が子どもにふりかかるからである。家庭や戸外で,さまざまな事故が起こり得る。

- ベランダからの落下：ベランダに置いてある物に上がり,下を覗き込んで,落下
- 浴槽や洗濯槽に落下：椅子や洗濯かごに上がり,落下
- 食器を壊す：食器と食器を打ち合わせて壊す／積み木で食器を叩く
- テーブルクロスを引っ張る：クロスの端っこを引っ張って,食器類や金魚鉢を落とす
- 公園の遊具から落下：ブランコ,ジャングルジム,滑り台などから落下
- 水路に落下：散歩をしている途中に水路に落下／水たまりの中で転倒
- 刃物を振り回す：ナイフ,ハサミ,安全カミソリなどを握ったり,振り回す

　このような事故は,子どもの運動や行動面の発達に伴うことでもある。しかし,子どもの命を守ることが最優先される。家庭や近所まわりにおける安全な生活環境への配慮は,保護者の責任になる。

⑤　かかわり合いを楽しむ関係づくり

　子どものしぐさの一つひとつが,微笑ましい。この時期の子どもは,「目に入れても痛くない」とまわりの人たちに思わせてしまうほどに,不思議な魅力をもっている。「わが子の顔を見るのが楽しみ」と思う保護者である。保護者からの投げかけに,わが子からはしっかりと反応がある。これが保護者には喜

びとなる。

　このような雰囲気があると，子どもには，まわりの環境に自らがかかわっていこうとする姿が生まれてくる。子どもの表情がふくらむ時期である。

　しかし，この時期ならではの課題もある。わが子の自立がうまくいかないことから，保護者には不安や悩みも出てくる。子どもには，いたずらや反抗的な姿，人見知りなどもみられるようになる。また，夫からの子育てへの参画が得られにくいと，子育てにおける負担感や孤立感を増幅させてしまうこともある。こうした状況にあっては，家族の関係をととのえたり，子どもとのかかわり合いを楽しむ機会をみつけたり，子育てグループの輪に参加してみたりすることは，子育ての潤滑油になる。

（3）3歳以上の時期
① 親子関係の質的変化
　子どもは人と交わって育っていくことを実感する時期である。社会的な人間関係を積み重ねていく。しかし，子どもにとっても，親にとっても，この時期ならではの試練もある。それは，「親離れ」であり，「子離れ」である。「母子分離」といわれることもある。3歳の時期には親と離れることにためらいを見せる子どももいる。親子のしっかりとした関係があれば，「離れる」ことに過度の不安を抱くことはない。親子関係の質をどのようにととのえていくのか，一つの課題になる。
② 他者存在の受け入れ
　子どもにとって，親子の密着した関係に，友だちとの関係が組み込まれることによって，世間を広げていく。幼稚園や保育所の生活のなかで，友だち関係がつくられていく。近所まわりにおいても友だち関係がつくられる。

　この時期の友だち関係は，流動的である。遊びのイメージが共有されれば，友だちとの遊びが楽しくなる。遊びの世界が異なりはじめると，遊びの輪から離れていく。このような離合集散を繰り返し，積み重ねながら，「いつも一緒にいる友だち同士」の関係がつくられていくことになる。そして，その輪のな

かに，一人二人と友だちを誘い込むことになる。「受け入れられる」「受け入れる」ことの喜びと自信を実感し，子どもの社会性が飛躍的に育っていく。
③　まわりの環境への知的好奇心
　子どもは「好奇心の塊」であるともいわれる。好奇心は，まわりの環境に向けられ，その環境にかかわっていく姿となる。環境にかかわりながら，子どもは自分なりの仕方でその環境情報を取り込んでいく。環境にかかわり，環境をマスターしていく過程は，学習の過程そのものである。
　園生活のなかでは，子どもの好奇心が存分に受けとめられる環境が配慮される。保育室，テラスやベランダ，園庭などのいたるところで，人や物や事にふれていく機会があるが，子どもは物足りなさを感じることもある。園の近所まわりの散策は，子どもの好奇心をくすぐることになる。さまざまな気づきを得て，「不思議」「分かりたい」「驚き」「感動」を体感していく。戸外環境にふれて歩む道草は，子どもの好奇心を満足させる。
④　性への芽吹き
　自分が「男の子」「女の子」であることを，何気なく感じ取っていく。家庭生活や園生活のなかで，あるいはマスコミ文化のなかで，自分の性への緩やかな強迫観念がくすぐられるからである。その強迫観念は，服装，言葉，しぐさ，習慣などに向けられたりする。生物学的性というよりも社会・文化的性が，子どもの生活に影を落としていくことになる。
　生物学的性はともかくも，社会的・文化的性の圧力は，根拠の薄い「男性」と「女性」との歪んだ固定的な関係をつくりあげてしまう。ジェンダー・バイアスは，幼児期にその下地がつくられてしまう。

2　生活をととのえる

(1) 食の生活と環境

①　誰かと一緒に食事
　生存権としての「食環境」である。授乳期から離乳期を迎え，そして大人と

同じような食事内容に移行していく。栄養摂取や食事内容が大きく変わる子ども期である。「食環境」は，食事内容にとどまらず，誰と一緒に食事をとるのかということも，課題としてある。「個食」であったり，「孤食」であったりする子どもの食事状況も深刻である。それだけに幼稚園や保育所での食事は楽しく美味しい。

② 味覚のプログラミング

　幼児期や児童期に刷り込まれた味覚感覚は，その後の食事内容の嗜好性に影響する。良くも悪くも濃い味や薄味といった味覚感覚を身に付けてしまうと，子どもの嗜好性は容易には変更されず，大人になっても，その味を求め続けてしまう。例えば，「濃い味」には，「高油性脂肪分」「高糖分」「高塩分」であったり，「高カロリー」であったりする食事内容になる。大人になって発症する生活習慣病の予備軍を，大人になるまでにつくってしまう。その兆候は，肥満である。

③ 食事内容のととのえ

　子どもたちに限らないが，食事では硬いものが少なく，軟らかいものが多くなっている。軟らかい食事では噛む回数は少なくなっていく。「硬食」や「軟食」は，顎の発達，唾液の分泌，咀嚼や嚥下などの違いにも関係してくる。

　食品の多くは，いわゆる食品添加物によって加工されている。長期保存，人工甘味，発色・脱色などのために，食品添加物が使われる。食材の生産過程における農薬や飼料などの使用もある。安全な食品管理と提供は，健康発達の基盤になる。

　家庭における食事をはじめ，弁当，給食，間食（おやつ）などにおける食事内容は，毎日の健康を維持するだけでなく，生涯の健康にもつながっていくことになる。

（2）生活の習慣

① 生理的基本欲求に関する習慣

排泄　排泄は4歳の頃には自立する。しかし，排泄に失敗をしたり，上手にできなかったりすることもあり，個人差もある。始末の仕方，たとえば，紙の使い方，水の流し方，排泄後の手洗いなどについて，きめ細かい指導が必要となる。「叱る」ことは，排泄の失敗を過度に恐れ，トラウマをつくってしまう。

赤ちゃんや1歳児の時期には，排泄欲求のシグナルを敏感に受けとめていく。2歳児では，言葉で排泄の意思を伝えることを尊重する。3歳児以降では，自律的意志や態度を尊重する。さらに4歳児以降では，互い生活としての園生活が成り立つための習慣形成を配慮していく。

睡眠　保育所においては，午睡があり，睡眠指導は必須の保育内容である。幼稚園においても長時間保育が行われ，必要に応じた睡眠指導も行われる。午睡には，午睡の準備（布団敷き・衣服の着脱），午睡の片づけ（衣服の着脱・布団の片づけ）がある。午睡中にも，午睡の状況の巡視があり，必要なかかわりが行われる。

午睡の指導では，子どもの生活自立に向けた配慮がなされる。準備や片づけを，子どもたち自身でするようになること，他人の睡眠を妨げない，私語を慎むこと，などの「きまり」や「約束」も午睡指導の内容になる。

食事　保育所では，原則として昼は給食である。幼稚園においても「給食」のあるところがある。食事に関する課題としては，「偏食をしない」「上手に食べる」「楽しく食べる」「他人に迷惑のないように食べる」などがある。食事の前の準備や後の片づけなども，子どもの実態に合わせて，自立への課題として指導していくことになる。

② 衛生・清潔に関する習慣

水に触れる生活場面は，乳児の段階では，保護者や保育者の全面的援助が必要となるが，いろいろな状況で，自分でまがりなりにもできるようになる習慣を身に付けていく指導の方向づけとなる。汗をかいたとき，汚れたとき，食事

やおやつの前後，排泄の後，朝目覚めたときなどでは，手洗いや洗顔は欠かせない。食事の後には歯磨き，うがいなどもある。

　手洗い，洗顔，歯磨きなどの場面では，水の量の調節やコックの使い方，石けんの使い方，手の拭き方なども一連の指導内容になる。

③　身じたくに関する習慣

衣服の着脱・清潔　午睡，身体測定，入浴，衣服の汚れ，気温の変化などに応じて，衣服の着脱や清潔がこまめにととのえられていくことになる。遊びのなかで衣服を汚したり，濡らしたりする。排泄の失敗で衣服を汚すこともある。

　汚れやすい活動のときには，作業着の着用が配慮されてもよい。さまざまな活動が園生活にはある。その活動の様態や子どもの生活技能の発達に合った，機能的な服装のととのえを家庭に協力を求めることも必要である。

所持品の区別と整理　幼稚園や保育所では，各自のロッカーや棚が用意されていて，帽子，鞄，衣服，道具箱，靴などの所持品を置くようにされている。ロッカーや棚には，名前のシールが貼ってある。所持品の区別がつかなくなることがある。色や形や固有な目印などで，所持品の見分けができるが，名前が読めないことからの混乱である。

　3歳未満児では，自分のものと他人のものとの区別が十分にはつかないことがあるが，色や形や固有な目印などで，自分のものであることの見分けができる。自分の名前だけでなく，自分が選んだシールを利用するのもよい。登・降園時に子どもと所持品の確かめを行い，所持品と名前・シールの対応関係を理解していくようにする。所持品の整理整頓は，集団生活の基本的な指導事項である。

④　互い生活に関する習慣

あいさつ　日常生活には，さまざまな「あいさつ」がある。「あいさつ」は園生活の条件になる。「おはようございます」「ありがとう」「はい」などが，その状況のなかで使われていく。「あいさつ」の習慣は，保育者からの言葉がけを手がかりとして身に付いていく。互い生活のなかで，気持ち

のよい「あいさつ」を自分のものにしていく。

　きまり　園生活には，最低限の「きまり」が必要である。「きまり」は，具体的な場面でのその必要や意味をわかることの積み重ねによって，内面化されていく。生活のなかで，不都合と感じていることがあれば，都合よくするための「きまり」の必要感が子どもに出てくる。「おしつけ的きまり」や「納得のいかないきまり」では，保育者の努力のわりには，子どもの生活には定着していかない。

　「きまり」は，その場かぎりの，刹那的なところがある。その後も確実に守ることができるというわけではない。園生活のなかで，その都度に繰り返し，「きまり」をつくりながら，子どもたちの生活文化として，息づくようにする。

（3）人と交わる生活
① 群れることの秘密
　「人は人と交わって人間になる」ことは，間違いのない事実である。「人間」であることの証は，「人とかかわる力」を身に付けているかどうかである。「人間力」を培い，育む生活基盤が，「群れる」ことにある。

　サルの「群れ社会」の研究や「隔離飼育」実験などの知見には，人間社会の在り方にも示唆に富む視座がある。「群れ社会」で育ったサルは，「隔離飼育」のサルよりも，「かかわり合う」ことにおいて優れている。「世話をする」「友だち関係をつくる」「仲間と遊びをする」「家族をつくる」「子育てをする」などにおいて，違いがあるとされる。どのような学びとしてのモデリングの環境に育つのかは，重要な意味をもつ。

② ふれあいプログラム
　幼稚園や保育所の生活のなかで，いろいろな人たちの存在にふれて，子どもは「人間関係」を学ぶ。かつて K.H. リードは，『幼稚園』において「生活の場」から「人間関係を学ぶ場」として，ナーサリースクールの役割のシフト変換を示した。「人間関係」は幼稚園や保育所の保育の基軸である。

　園では，子どもはさまざまな人とのふれあいや交わりを経験する。園には，

同年齢や異年齢の子ども，保育者や職員などとの交わりがある。保護者，業者，地域の人たちなど，園に出入りする人たちとのふれあいもある。

　こうした人たちとの出会いは，子どもが自身の枠組みを変えていく，そのきっかけを得る資源である。子どもと交わる人たちにとっても，同じような資源になる。子どもも交わる人たちにとっても互恵性のあるものとなる。日常的な生活のなかで，時折の行事のなかで，ふれあいのプログラムが進められていく。

③　コミュニケーションの生成

　人との交わりの生活は，コミュニケーションの過程である。コミュニケーションが揺らいだり，希薄になると，残念ながら，私たちはさまざまな偏見をもってしまう。互いの良さや持ち味を理解しにくい。互いの信頼関係をつくりにくい。

　こうした不幸な状況は，コミュニケーションをととのえることによって，克服される。その一つとして，「言葉を交わし合う」生活が，大切にされる。その二つとしては，「気持ちを伝え合う」生活である。その三つは，「影響し合い，変わり合い，育ち合う」生活である。

　園の生活では，「一緒に」に重点が置かれる。その状況によって，「一緒に」の意味合いは違ってくる。互いの交わりもなくただ「群れている」にすぎない光景としての「一緒に」もある。なにがしかの交わりをもとうとする「共存」，互いが思いや気持ちを伝え合っていこうとする「共生」としての「一緒に」もある。そこに通底するコミュニケーションの質は異なるものがある。子どもたちが「ユニバーサルな感覚」を身に付けていくのに，温かいコミュニケーション過程を基盤にした人との交わりの生活は要になる。

（4）好奇心に満ちた躍動感のある生活

① 　ストレスフルな生活

　慌ただしい生活のなかで，子どもたちは落ち着きを失いかけている。D. エルキンドは『急かされる子供たち』において，子どもたちが社会の圧力を受けている現実を解き明かしている。子どもたちはストレスに満ちあふれる生活に

漬け込まれている。

過度のストレスは心身の健康を蝕む。子どもの「元気」や「勇気」を奪っていくことにもなる。「ストレス環境」は見えにくい。それだけにその背景要因の把握や改善は難しい。

② 園生活の魅力

小学校や中学校などと違って，「不登園」はきわめて少ない。園のいたるところに秘密の場所やこだわりの場所があったり，思い思いの遊びや生活ができたり，仲のよい友だちや自分に寄り添ってくれる保育者の存在があったりするからである。子どもは，園生活によって癒されていく。

園の生活は，子どもたちのストレスを軽減したり，解消したりする。子どもに安定感が生まれると，まわりの環境に関心や興味を示し，自分の好奇心から遊びや生活を進めていこうとする。「達成感」「自信」「自尊心」「誇り」「信念」「生活の喜び」などを雪だるま式に体感していき，園生活を自らの力で主体的に躍動感をもって展開していこうとする。園生活が自分にとっても，まわりの子どもにとっても魅力的になっていく。日々の生活のなかで，自分なりの「自己実現」を確かなものにしていく。生涯を生き生きしく歩む力の培いになっていく。

3　生涯発達からみた子ども期

（1）発達のリンケージ

生涯はいくつかの発達に区分されるが，それぞれの発達時期が分断されるものではない。相互に関連し合う。たとえば，「幼児期と思春期」や「幼児期と高齢期」などに関心が寄せられ，生涯発達にかかわる研究が臨床の場においてもなされつつある。

発達のリンケージは，諺（ことわざ）のなかにも語られる。「三つ子の魂百まで」や「雀百まで踊り忘れず」はよく知られるところである。中国でも「三歳定終身」というのがあるらしい。「幼児期」がその後の生涯を決めつけてしまうも

のではないにしても,「幼児期」をおろそかにはできないことの感覚的な受け止めがある。幼児期における教育・保育は,生涯にわたる人間形成の基礎を培うことにとどまらず,生涯発達の要になる。

(2) 子どもの頃の思い出

　私たち人間は,さまざまな思い出をもっている。思い出は過去のものではあるが,「今」や「これから」の歩み方をととのえてくれる。とりわけ自分の子どもの頃の思い出は,表情豊かに,快活に語られていく。笑い・涙・怒り・悲しみ・幸せなどがあり,その内容にはリアリティが感じられる。まわりの人たちの共感を得ることもある。誰もがいつの間にか,子どもの頃の自分に自分を置き換えている。

　「思い出」や「振り返り」は,これまで歩んできた自分を肯定的に受けとめようとするきっかけになっている。自信の回復にもなっている。勇気と元気をもって,これからの歩み方を仕切り直ししていくことにもなっている。子どもの頃を話す高齢者の表情が若く見えるから不思議である。

(3) 幼児期を歩む

　私たちは誰もが,間違いなく,生物学的には父親と母親との間に生まれる。そして多くの子どもが,社会学的に人間学的に父親と母親に愛されて育てられていく。しかし,さまざまな事情のなかで,そのような環境にない子どもたちもある。親をはじめとした,まわりの人たちの姿を体感的にモデリングしながら,育っていく。育ちゆくその過程は,短くもあり長くもある。山もあれば,谷もある。一筋縄ではいかない。

　生まれてから大人になるまでには,さまざまな生活を体感しながら歩むことになる。大人になる歩みは,「ヒト」から「人」に,「人」から「人間」への育ちである。いわば,「生物学的存在」→「社会学的存在」→「人間学的存在」への歩みである。

　幼児期は,生涯を歩むその出発点である。いずれの時期もそうだが,幼児期

には幼児期の固有な発達と生活の課題がある。この発達と生活とが絡み合う課題が，保育内容の基本になる。保育内容は，子どもの成長の過程を映し出すものであり，生涯の歩みの基盤になる。幼児期の生活を疎かにはできない。

○子ども期の大切さに関する諺や格言を調べ，その意味内容についてまとめてみよう。
○「保育所保育指針」「幼稚園教育要領」をはじめとした資料や文献を基に，子ども期における自立課題についてまとめ，話し合ってみよう。
○子ども期の食育について，実習で観察したことや文献で調べたことを紹介し合って，子どもの生涯健康についてまとめてみよう。

参考文献

アドルフ・ポルトマン，高木正孝訳『人間はどこまで動物か──新しい人間像のために』岩波書店，1961年。

エルキンド，D., 久米稔・服部廣子・小関賢・三島正英・黒岩誠訳『急かされる子供たち──現代社会がもたらす発達の歪み』家政教育社，1983年。

大塚忠剛編『幼年期教育の理論と実際』北大路書房，1998年。

田中亨胤・中島紀子編『幼児期の尊さと教育』ミネルヴァ書房，2001年。

バンデューラ，A., 原野広太郎・福島脩美訳『モデリングの心理学──観察学習の理論と方法』金子書房，1975年。

マイケル・ラター，北見芳雄・佐藤紀子・辻祥子訳『母親剝奪理論の功罪（マターナル・デプリベーションの再検討）』誠信書房，1981年。

リード，K.H., 宮本美沙子・落合孝子訳『幼稚園』フレーベル館，1976年。

（田中　亨胤）

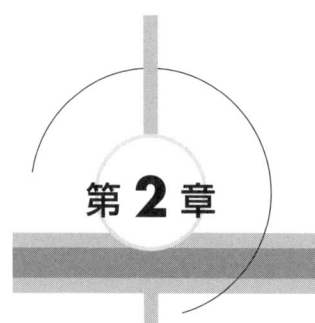

第2章 乳児・低年齢児の園生活と保育内容

　　0・1・2歳児，つまり3歳未満児を対象として保育を実施する場は保育所である。したがって，この章ではまず，3歳未満児が集団で生活する保育所における保育の基本と特性をおさえた上で，保育所での生活やそこで経験する保育の内容のあり方について学習する。
　　3歳未満児を対象とした保育内容を考えていく場合，そのガイドラインとなるのは「保育所保育指針」である。「保育所保育指針」で示されている保育内容の考え方にそって，保育内容とそれに関する子どもの発達を総合的に理解する目を養う。0・1・2歳児の年齢毎に保育内容の検討を行い，さらに保育者の役割について，保育者の子どもへのかかわりの姿勢の面から理解を深めていく。

1　保育所保育と3歳未満児の保育内容

(1) 保育所の生活

保育所保育の基本と特性　　保育所は，「児童福祉法」で位置づけられた児童福祉施設であり，親の就労等の理由により保育に欠ける乳幼児が一日の大半を過ごすところである。3歳未満の低年齢児の保育の場合，産休明け保育の実施や育児休業明けで職場復帰する親が多いことから，0・1歳児の保育ニーズは増加し続けている。
　　保育所保育の基本は，子どもが健康で，安全で情緒の安定した生活ができる

第 2 章　乳児・低年齢児の園生活と保育内容

表 2-1　0歳児デイリープログラム

時間のめやす	主な活動の流れ
7:00〜	開園 順次登園（視診, 触診, 連絡）
8:30〜	おむつ交換, 遊び
9:00〜9:30	おやつ, 授乳
9:30〜	遊び, 睡眠, おむつ交換など
10:45〜11:30	離乳食
11:30〜12:00	おむつ交換, 午睡準備
12:00〜14:00	午睡
14:00〜14:30	目覚め, おむつ交換, 遊び
14:30〜15:00	おやつ, 授乳
15:00〜17:30	遊び, 睡眠, おむつ交換
17:30〜	順次降園
19:00	閉園

表 2-2　1歳児デイリープログラム

時間のめやす	主な活動の流れ
7:00〜	開園 順次登園（視診, 触診, 連絡）
8:30〜9:20	遊び, 排泄, 手洗い
9:30〜9:50	おやつ
9:50〜10:50	遊び
11:00〜11:30	食事, 歯磨き
11:30〜12:00	午睡準備（排泄, 着替え）
12:00〜14:30	午睡
14:30〜15:00	目覚め（排泄, 着替え）
15:00〜15:20	おやつ
15:30〜	排泄, 手洗い
16:00〜	遊び
17:30〜	順次降園
19:00	閉園

表 2-3　2歳児デイリープログラム

時間のめやす	主な活動な流れ
7:00〜	開園 順次登園（視診, 触診, 連絡）
8:30〜9:30	遊び
9:30〜10:00	排泄, 手洗い
10:00〜10:20	おやつ
10:20〜11:20	遊び
11:30〜12:00	食事, 歯磨き
12:00〜12:30	午睡準備（排泄, 着替え）
12:30〜14:30	午睡
14:30〜15:00	目覚め（排泄, 着替え）
15:00〜15:20	おやつ
15:30〜	排泄, 手洗い
16:00〜	遊び
17:30〜	順次降園
19:00	閉園

環境を用意するという養護的視点と，自己を十分に発揮しながら活動できるようにするという教育的視点から，健全な心身の発達を図ることにある。養護と教育が一体となって，豊かな人間性をもった子どもを育成する点が保育所保育の特性である。

0・1・2歳児の園生活の流れ　表2-1〜表2-3に示したデイリープログラムは，0・1・2歳児の一日の園生活のおおまかな流れを示したものである。基本的に毎日繰り返される活動であり，経験である。経験をとおして乳児期は生活リズムを形成していく。在園時間が長時間になればなるほど園での保育の内容を充実させ，子どもたちの発達を保障するため，養護面はもちろん，子どもたちが思いのままに遊べる時間の保障が必要である。

　デイリープログラムはあくまで保育のめやすであり，一人ひとりの異なる生活リズムやその日の状況を受け入れることが大切である。子どもたちの一日の保育所での生活が快適であるよう，授乳や食事，排泄，睡眠など生理的リズムを基本にしながら，子どもの活動に見通しを立て，適切な養護や援助活動が展開できるよう柔軟に対応することが求められる。

（2）「保育所保育指針」と3歳未満児の保育内容

　表2-1〜表2-3のデイリープログラムをみると，「おむつ交換」「遊び」「食事」といった活動が記されている。このような活動内容が保育内容であると考えることもあるが，保育内容は本来活動ではなく経験の内容をさすものである。保育内容は保育者が与る内容ではなく，本来は子どもの経験内容のすべてであるといえる。

　保育所における保育の内容は，「児童福祉施設最低基準」の第35条に規定されており，基本的視点や具体的な内容に関する詳細は，「保育所保育指針（通知）」による。3歳児以上の教育的な内容については，「幼稚園教育要領」に準ずるとされている。「保育所保育指針」の保育の内容は「ねらい」と「内容」から構成されており，「ねらい」には保育所保育の特性に応じて，養護的ねら

表2-4　保育所保育における保育の内容

	養護的視点	教育的視点
ねらい	子どもが保育所において安定した生活と充実した活動ができるようにするために，「保育士が行わなければならない事項」	子どもの自発的，主体的な活動を保育士が援助することにより，「子どもが身につけることが望まれる心情，意欲，態度などを示した事項」
内容	子どもの状況に応じて保育士が適切に行うべき基礎的事項	保育士が援助する事項を発達の側面から示したもの ただし，3歳未満児については，その発達の特性からみて各領域を明確に区分することが困難な面が多いので，5領域に配慮しながら，基礎的事項とともに一括して示したもの

いと教育的ねらいとがある。「内容」も「ねらい」を達成するために2つの側面から示されている。保育の内容の構成を整理すると，**表2-4**のようになる。ただし，保育所の生活のなかでは，保育の内容をそれぞれの視点から明確に分離できるわけではない。保育は，子どもの活動を通して展開されるものである。その活動は一つの視点や一つの領域だけに限られるものではなく，それぞれが相互に関連をもちながら総合的に展開されるものである。

　保育の内容は発達過程区分にしたがって示されている。3歳未満児については，6か月未満児，6か月から1歳3か月未満児，1歳3か月から2歳未満児，2歳児の4区分が設定されており，それぞれに「ねらい」と「内容」が示されている。この区分は，あくまでも一人ひとりの発達過程，つまり発達の道筋であって，クラス全員の均一的な発達の基準ではない。保育の内容の「ねらい」や「内容」「配慮事項」の表記にあたっては，"一人ひとりの"という表現が多い。とくに，個人差の大きい3歳未満児に関しては，この表記が繰り返されている。

2　0歳児の生活と保育内容

　ここでは，0・1・2歳児の保育内容について，具体的な活動場面の記録や実習生の感想などを資料として理解を深めていくことにする。また，それぞれ

の年齢における子ども理解の手がかりとして，平均的な発達の姿を素描し，子どもの姿を具体的に想定するとともに，「ねらい」に注目しながら，保育者が担当する保育の内容を考えていくことにする。

（1）発達の姿

　月齢により発達の姿は大きく変化する。日々発育・発達する姿が認められるが，個人差が大きい。誕生から1年で体重や身長は劇的に増加し，体重は生後3～4か月でおよそ2倍，満1歳の頃には約3倍になる。運動機能は急速に発達し，生後2か月ではまだ原始反射が多いものの，寝たままで首の向きを変えたり手足をよく動かすようになる。3～4か月頃になると首が座り，四肢が相対的に独立して動くようになる。動くものを目で追ったり，音のするもの等に手をのばしたりする。5か月頃になるとうつぶせから仰向けの寝返りをするようになる。目と手の協応が始まり，ものを手に持ってよく遊ぶ。6～7か月頃には仰向けからうつぶせの寝返りや，支えがなくても一人で座ることができるようになる。一人で足を投げ出して座り，両手におもちゃを持ってよく遊ぶようになる。8～9か月頃になると腹ばいで移動が可能になり，四つばい（ハイハイ）もするようになる。親指と人差し指，中指を使って小さなものをつまむ。10か月頃には自分の力で起きあがって座り，つかまり立ちや伝い歩きを始める。ますます探索活動が活発化する。1歳前後には手を使って一人で食べるようになり，歩行も開始する。

　言葉の発達は，歩行までの乳児期をさす"infant"の語源である"語らぬもの"に示されるように，この時期は発語としては「アーアー」「ウーウー」「ブーブー」など喃語程度であるが，おとなが語りかける言葉の認識は著しく進む。まだ話せないが，言葉の認識力は非常に高いということをよく理解して0歳児とかかわることが大切である。

　情緒や社会性の発達は，生理的な快・不快の表出時期から，2～3か月になると嬉しいときに微笑むなど次第に社会的な表出へと変化する。あやすと声を出して笑うようになり，4～6か月頃になると親しい人の笑顔を見て微笑み，

母親や親しい保育者に抱かれようとして喜んで両手を差し出したりする。特定のおとな（母親や保育者）との情緒的な絆が形成される。生後半年を過ぎると，感情の分化が進み怒りや悲しみの情緒がみられ，人見知りも始まる。8か月頃になるとそばにいた母親や保育者がいなくなると泣き出したり，思い通りにいかなくて腹を立てたりする。「イナイイナイバアー」遊びを喜んだり，10か月以降になるとおとなのまねをするようになり，「チョチチョチ」などの手遊びや，おもちゃを差し出したりするようになる。

（2）基礎的な生活にかかわる活動

同じ0歳児クラスの子どもでも全く異なる発達の姿であるため，食事（授乳・離乳食），睡眠，排泄など基礎的事項は，一人ひとりの心身の発育・発達の状態をていねいに把握し，個別に対応する活動が基本となる。家庭生活と園生活の連続性も考慮し，子どもの24時間を視野に入れて活動を考えることも必要である。**表2-1**に0歳児のデイリープログラムを示してあるが，あくまでめやすである。家庭と連携して個別の計画を立て，睡眠・覚醒のリズムを整えて，健康な生活リズムをつくっていく。一方，おむつ交換や授乳のときのように完全に1対1の対応になる活動においては，単なる養護的視点で行うだけでなく，教育的視点でのかかわりをもつことによって，子どもとの気持ちをつなぐ絶好の機会にもなる。

（3）遊びを中心とした活動

保育所での実習をひかえ，「もし0歳児クラスの担当になったら，言葉が通じない赤ちゃんとどうやって遊んでよいかわからない」と悩む実習生が少なくない。乳児にとっても保育の内容として遊びが重要であることは理解しているのだが，実践するとなるとたちまち途方にくれてしまうのである。とくに，月齢が低くなればなおさらである。首が座るか座らないくらいの乳児を担当するともなると，抱くこともこわい状況で，あやして遊んだり，遊びを仕掛けたりすることは一度も行わずに実習を終えてしまうことになったりする。

事例1　乳児期前半のA児（月齢3か月）

　A児はベビーラックのなかで機嫌が良さそうである。そばへ寄ってラックの背もたれをゆっくりと少しだけ起こし，顔をのぞき込み「A子ちゃん，A子ちゃん」と名前を呼ぶ。A児が真上を向いて寝かされているときよりも，もう少し目と目が合わせやすくなる程度に起こせばよい。A児の表情が変化していくのがわかる。「何だろう」「何が起こるんだろう」ときっと恐いようなワクワクするような心境だろう。たったこれだけのことがA児の視界はすばらしく開けた。

　ラックの背を少し起こして対面しやすい態勢をつくったからといって，必ずしもA児の目は保育者の目をとらえているとは限らない。どこかちがうところを見ている場合，子どもの名前を繰り返し優しく呼んでみよう。話しかけてもよい。しかし，A児が新しく目の前に広がった光景にキョロキョロしているようなら，無理にこちらを向かせるのではなく，しばらく付き合って待とう。その時も，黙っているのではなくて優しく語りかける。「何が見えましゅかー？」「A子ちゃん，どこ見てるの？」といった具合に。そうこうしていると，A児と保育者の目が合った。そこからイナイイナイバア遊びが始まる。子どもが笑わないから，即座に反応がかえってこないからといって遊びにならないわけではない。子どもの表情や身体表現をよく見ながら遊ぶことを繰り返してみる。（途中略）結局，保育者とA児は「いないいないばあ」の遊びを24回した。その後，A児はミルクを飲み，スヤスヤ眠ってしまう。時間にするとわずか10分程度の遊びである。しかし，A児が経験した内容は，人間形成の基礎づくりのために展開される保育内容であったといえるだろう。

事例2　乳児期後半の子どもたち

写真2-1　保育士に見守られて一人遊びを十分楽しむ（月齢7か月〜10か月児）

　写真2-1は，保育士に見守られてそれぞれの子どもが一人遊びを楽しんでいるところである。担当制により，特定の保育者がそれぞれの子どもに合わせ応答的にかかわり，遊びが持続している。しかし，この時期の子どもの発達の特徴が理解できていない実習生は，この場面を見て，なぜ子ども同士一緒に遊ばないのかと質問した。子どもの発達過程の知識は，保育を展開するにあたって子ども理解の基盤として，そして誤った「ねらい」や「内容」が設定されないためにも必要不可欠であることがわかる。

3　1歳児の生活と保育内容

(1) 発達の姿

　めざましい運動機能の発達がみられる。歩行が確立し，とにかく歩き回わるようになり，生活空間が広がる。早く歩いたり，かかとをあげてかかんだり，階段を一段ごとに両足をそろえてのぼり降りするようになる。手指の操作機能も発達し，身近なおとなの興味ある行動を模倣し，活動のなかに取り入れるようになる。小さなものをつまんだり，絵本のページを2～3ページ一緒にめくったり，袖を通したり，なぐり描きをしたり，靴下をぬいだり，こぼしながらもスプーンを使って食べるようになる。新しい行動の獲得により，ますます探索活動が活発化するとともに，自分にもできるという自信から自発性を高めていく。積み木を崩したり積んだり，カップに砂を入れたり出したりというように，まとまった時間一人遊びをするようになる。

　言葉の発達は，自分の思いを親しいおとなに伝えたいという欲求から，「マンマ」「ワンワン」などの一語文を話す。1歳後半頃から「マンマ，ちょーだい」というように2つの単語をつないで，自分の欲求を言葉で表すようになる。おとなの簡単な質問にも答えられるようになる。

　情緒面は，おもちゃを取られて泣いたり，友だちとけんかになって怒ったり，声をあげて嫌悪感を示したりというように，対人関係の深まりによる発達がみられる。物を仲立ちにして触れ合ったり取り合ったり，年長児の遊びのまねをして遊んだり，親しいおとなとのかかわりを楽しんだりと，社会性もますます発達してくる。一方，自発的・積極的にいろいろなことに取り組もうとすることが，おとなにとってはいたずらが激しくなったと感じられたりする。まだまだおとなの世話を必要とする自立への過程の時期である。

(2) 基礎的な生活にかかわる活動

　手を洗うという活動が，生活のなかのどのようなタイミングで，あるいはど

写真 2-2 手を洗うという活動を自分でしようとする（1歳9か月児）

のような場合に行われるかは実習生にもわかっている。1歳児の手を洗うという活動において保育者は何を行い，どのような援助をすればよいかという点になると実習生は困惑する。手洗いの意味を理解するためには，見通しが立たなければならない。言われるから手を洗うわけではない。

写真 2-2 は，保育者が自分の担当する2人の子どもの手洗いを行うため洗面所に一緒に来たところである。手洗い後の活動の見通しがもてるようにするため，「今日の給食何かなあ。今日もおいしいよ。早く食べたいね」と優しく言葉をかけながら，自分で洗おうとする気持ちを引き出している。しかし，まだ一人では十分に洗えないので，自分でしようとする活動を援助しているところである。さらに，2人同時に活動することにより，女児は，保育者と男児が行う手洗いのようすをよく観察していて，ほとんど援助が必要ないほど自分で手を洗う活動を完了させている。保育者はこの時期，興味ある行動を実にうまく模倣する子どもの姿をよくわかっているのである。

(3) 遊びを中心とした活動

1歳児後半になってくると，「おもしろがる」という気持ちが出てきて，自分からおもしろいことを，あるいはおもしろい事態を創り出そうとする姿がみられる。どうやらやってはいけなさそうなことだとわかっていて，わざとやってみたり，おとなからみるとふざけていると受け取れるような姿がこれにあたる。写真 2-3 のように部屋のすみに立てかけてある（一応片付けてある）マットをパッタンと倒したところから始まった遊びも，わざとやってみるところから生まれた。

その日は，となりの0歳児クラスで使ったマット（畳の半分ほどの大きさで

第 2 章　乳児・低年齢児の園生活と保育内容

写真 2-3　部屋のすみに立てかけてあるマットを見つけて（1 歳 6 か月児）

写真 2-4　マットを使った遊びへ発展
　　　　　（1 歳 3 か月〜1 歳 6 か月児）

固さは畳よりやや柔らかく，素材はナイロンなので軽く，持ち運びが便利）が壁に 9 枚立てかけてあった。いつもはドアのついた小部屋のなかに片付けているが，この日は子どもがいじろうと思えばいじれる場所に片付けている。予想通り，C 児が立てかけてるマットに近づき，外側から順に倒し始めた。2 枚目を倒した後に，わざとやっているバツの悪さからかニヤッと笑ってマットから一旦離れた。その後，すぐに戻ってきてあっという間に全部倒し，その上によじ登って遊び出した。なにやら楽しそうなそのようすに，その他の子どもも集まってきた。

　保育者も子どもの動きにあわせて言葉をかけたり歓声を発しながら楽しそうに見守っていたが，横にあるガラス戸や壁にぶつかると危険なため，安全でかつ思い切り活動できるように**写真 2-4** のような環境を用意した。その結果，さらに楽しんで遊びが継続した。子どもたちは熱狂的に遊びこんでいた。保育者が目の前の子どもをよく観察し，この時期の子どもの実態から想定して，遊びを子どもたち自身で発見できるよう，わざと子どもの手の届くところにマットを片付けてあるかのように置いたのである。その際，保育者側には計画的に構成した環境からどのような子どもの活動（遊び）が展開するのか予想できる柔軟さが求められる。こうしてみると，「歩行の確立により盛んになる探索活動が十分できるように環境を整え，応答的に関わる」（保育所保育指針第 5 章）ということが保育のなかで実践されているといえる。子どもが主体的にかかわ

っていく過程での援助のあり方もより具体的に見えてくる。それは，遊びが楽しくなる状況と一致してくる。

　遊びが楽しくなる状況として，岩城淳子は，①自分で遊びをみつける（発見），②自分を見守ってもらっている，③共感してもらえる，④友だちと同じことをする・友だちがかかわってくる，という４つをあげ，このようなときに，その楽しさを自分のものとしていくと述べている（岩城2002：14-15）。自分で遊びを見つけ，その発見を保育者に認めてもらえるとさらに楽しさはふくらむ。そして自分が見守ってもらっているという安心感のなかで，保育者の共感がともなえば，遊びの楽しさが増大し，子ども自身がその楽しさを自分のものとしていくのである。

4　２歳児の生活と保育内容

(1) 発達の姿

　歩行機能が一段と進み，ころばないように目標に向かって走ったり，階段で足を交互に出して登り降りするようになる。両足跳びや，運動遊具を使って登ったり，すべったり，跳んだりと全身運動が大胆になる。２歳児後半になると，ますます自分の思うように体を動かせるようになり，平均台を介助なしで渡ったり，三輪車をこいだりというようにバランス感覚や身体運動のコントロール力が高まる。音楽に合わせて体を動かすことも好むようになる。手指の操作も器用になり，絵本のページを１枚ずつめくったり，ボタンを外したり，スナップをとめたり，穴にひもを通したり，スプーンをつかってこぼさず食べたりする。２歳児後半になると，のりやはさみを使ったり，クレヨンを３本の指で持ってぐるぐると曲線を描いたりするようになる。

　言葉の発達は，語彙の増加がめざましく３つ以上の単語をつないで話すようになり，発声もより明瞭になる。日常的におとなが使用する言葉への理解も深まり，自分でしたいことやしてほしいことを言葉で表出できるようになる。

　情緒や社会性の発達では，泣いている友だちをなぐさめたり，自分より小さ

い子どもに愛情を示したりと相手の気持ちを察し思いやる力が育まれる反面，自分の欲求が妨げられるとかんしゃくを起こしたり，反抗したりして自己主張する。自我が順調に育っている証拠である。友だちと積極的にかかわり遊ぶ場面が増え，象徴機能や観察力も増すので，ままごとで役を演じる等ごっこ遊びが活発化する。

（2）基礎的な生活にかかわる活動

　K保育園（O県O市）の2歳児クラスでは，給食を食べ始めるときのあいさつは，当番を決めて活動している。早いようにも感じるが，担任らが食事の時間を"楽しくおいしく"を第一に考え，意欲的に食事の時間を過ごしている年長児たちといっしょに給食の時間を体験する機会を設けたことがきっかけになった。行動の仕方の基本を学び，確実に身に付けていく経験を積むという点において，子どもたちに変化がみられた。生活に必要な行動が徐々にできるようになり，自分でやろうとするが，甘えたり思い通りにいかないとかんしゃくを起こすなど感情の揺れ動くこの時期であるからこそ，人の話を聞く，自分の合図がうまくできクラスのみんながそろって次の活動を始められるという経験ができる場を用意する必要がある。そのような行動ができたときに，子ども自身が感じるすがすがしさや達成感が大切である。それは，基本的な生活習慣を身に付けていくことにつながるとともに，楽しい雰囲気のなかで意欲的に食べられるような雰囲気づくりに役立っている。

（3）遊びを中心とした活動

　この時期，好きな遊びとして盛んになるのがごっこ遊びである。この頃のごっこ遊びは，自分のすることを人形やぬいぐるみなどに再現させて遊んでいる。言葉の発達にともない，イメージ豊かにごっこ遊びを展開しているが，自分が日頃していることや見たことを人形やぬいぐるみにさせて遊んでいる。自分が何かの役割を担って遊ぶあそび方は，2歳児後半になってくるとお母さん役など，それぞれの役を演じたりすることができるようになる。人形やぬいぐるみ

写真2-5 みんなでまとまってする活動：粘土遊び（2歳児）

を自分にみたてたりもする。幼児が役割を分担してやりとりをするごっこ遊び（役割遊び）とは異なり，その役になったつもりで遊ぶ。自分にとって身近なおとなである母親や父親，保育者になったつもりの行動が多くみられる。そのしぐさや言葉づかいは的確にとらえていて，すばらしい観察力や模倣力に驚かされる。

ここでの保育者の役割は，ごっこ遊びのなかで仲立ちすることにより，友だちと一緒に遊ぶ楽しさを次第に体験できるようにすることである。

　園生活において基本的に遊びという活動には，子どもが自らやりたいことを見つけて遊ぶ時間と，クラスの子どもたちすべてに指導しておきたいことをまとまって一斉にする（遊ぶ）時間がある。たとえば**写真2-5**は，みんなそろって粘土で遊んでいるところである。お互いの作品を見せ合いながら，あるいは色の違う粘土を分け合いながら，集中して活動している。友だちといっしょにする（遊び）という活動がとても楽しくなってくる時期なのである。

5　3歳未満児と向きあう保育者の姿勢

（1）学生の気づきをとおして

　望ましい保育内容の考え方に基づく保育の実践にあたって必要な保育者の姿勢について，保育実習を終えた実習生の「気づき」から分析してみよう。

　実習後の反省会で，ある実習生が「保育者は，重要・危険人物である」と表現した。これは，保育者の対応によって子どもの成長はまったく異なってくるということに気づいて発した言葉である。

　保育の質は，究極的には人と人とのかかわりの質である。危険人物にならない保育者とは，人と人とのかかわりの質を保てる保育者ということになる。保

育における人と人とのかかわりは保育者と子どもだけではなく，子ども同士のかかわり合い，保育者同士のかかわり合い，保育者と保護者のかかわり合い，さらに子どもの周りで繰り広げられるさまざまなおとなたち同士のかかわり合いすべてをさす。そのようなすべてのかかわり合いの質を保とうと思えば，やはり人間としてのあり方，その人となりが問われることになる。自分を高めていく姿勢が大切である。

　次に，危険人物にならないためにという発想からではなく，重要人物になるためにという発想から考えてみよう。そちらの方が日々の保育にそった具体的な考え方がしやすいだろう。保育の現場で子どもにとって重要な人物とは，信頼できる保育者ということになる。「主体性を育てる保育」の実践には，子どもが主体的に意欲をもって活動するために，安心して支えてくれる保育者との関係が必要である。安心できる保育者との関係を支えにしながら，未知なる世界に働きかけて，そのなかで自分を発達させていく。未知なる世界に働きかけ，冒険して発達していくためには頼りにできる関係が必要だ。そもそも主体性を発揮するには，とくに3歳未満児においては，むしろ人に支えられるということが必要なのである。子どもが自然との意欲的な関係をつくっていくときも，子ども同士の関係をひろげていくときも保育者の支えが必要である。たしかに子どもは子ども同士の関係のなかで育っていくが，子ども同士の交流をつくっていくには保育者の支えが必要で，その交流の質を大きく左右するのも，保育者がどれだけ深く目の前の子どもを理解しているかということにかかってくる。もちろん，子どもは必ず保育者との関係が支えにないと発達しないといっているわけではないが，子どもが物にかかわったり，友だちとかかわったり，自然とかかわったりして発達していくためには，保育者の支えがどれほど重要かということは，十分に理解しておいてほしい。

(2)「保育所保育指針」をもとに保育内容の具体化をとおして

　「保育所保育指針」の年齢別の保育の内容で，とくに3歳未満児のところには，「特定の保育士」「保育士と一緒に」「保育士に見守られて」「安心できる保

育士」という表現が多用されている。たとえば、第5章の1歳3か月から2歳未満児の保育の内容をみてみよう。まず、〔発達の主な特徴〕のところに「‥‥(中略)生活空間が広がり、子どもはこれまでに培われた安心できる関係を基盤として、目の前に開かれた未知の世界の探索行動に心をそそられ、身近な人や身の回りにある物に自発的に働きかけていく。その過程で、生きていく上で必要な数多くの行動を身につけていく。(中略)この時期は、保育士に受け入れられることにより、自発性、探索意欲が高まるが、まだまだおとなの世話を必要とする自立への過程の時期である」とある。子どもの姿をふまえ、「保育士は子どもの生活の安定を図りながら、自分でしようとする気持ちを尊重する。(中略)歩行の確立により、盛んになる探索行動が十分できるように環境を整え、応答的に関わる」という〔保育士の姿勢と関わりの視点〕をもって実践することになる。「保育所保育指針」第5章の年齢に該当するB児（1歳8か月）の事例を通して考えてみよう。

　B児は保育園の桃組（1歳児クラス）に通っている。B児の園では生活不要品を子どもたちの遊びに再利用している。この日も桃組では、トイレットペーパーの芯と新聞紙や広告紙を使って保育者たちが製作した遊び道具が用意されている。それは、トイレットペーパーの芯と同じ幅に切って長く張り合わせた新聞紙や広告紙を、トイレットペーパーの芯に巻き付けたものである。それが、保育室の壁や棚のあちらこちらにぶら下げてある。子どもたちは部屋のなかを歩き回るうちにこの仕掛けを見つけたり、友だちがすでに遊んでいるのを見てまねをしたりして、芯に巻き付けてある新聞紙を引っ張り出す活動に熱中している。どんどん引っ張り出すと、長い反物が保育室に横たわっているように見える。子どもたちは今のところひっぱり出すことに熱中しているので、保育者たちは子どもたちが自由にいじって遊びを充分楽しめるように、引き出されたペーパーをできるだけ子どもの活動の妨げにならないように何度も巻き取ってあげている。B児も桃組の他の友だちに交じって引っ張り出しっこに熱中している。何本かのロールペーパーを引っ張り出しながら保育室のなかを歩き回るうちに、部屋のすみにかごに入れて置いてあるトイレットペーパーの芯を見つ

けた。それは保育者たちが製作に使って余ったものである。保育者たちは好奇心旺盛な子どもたちがこのかごを見つけるかもしれないという予測と，見つけてもいいという遊び心の上に，あえて子どもたちの手の届く場所にかごを片付けていた。B児はただの芯（筒）に興味をもったようだ。手にとっていじっているうちに，B児の右手がスポッと筒のなかに入ってしまった。B児は「えー？」といった表情で，ちょっと不安でちょっと驚いてというようなようすだ。数秒ほどで筒のなかから自分の右手を取り出すことができた。その間，B児の視線は筒から離れない。B児はもう一度自分の右手を筒に突っ込んだ。そして，今度は一回目のときより短い時間で右手を引き出し，その瞬間顔を上げた。引き出した瞬間，桃組の保育者の一人が「出てきたねー」とうれしそうな声でことばをかけた。B児の目の色がかわった。B児は自分の発見に興奮しているようだ。そして，その一部始終を保育者はていねいに見守っていた。かごから少しだけ離れた棚に向かって，洗濯して乾いたタオル（食事のときに子どもたちの手をふく）や台ふきをたたみながら。B児は筒のなかに手を入れては引き出す行為を繰り返している。筒から手が出るたびに，保育者は「ばあー」とか「あった！」とタイミングよく声をかけている。B児は手が出た瞬間ごとに得意そうに顔を保育者の方に向ける。保育者は必ず目と目を見合わせて声をかけている。B児はだんだん勢いよく筒から手を引き出している。スピードが速くなり，動きも大きくなる。とうとう筒から手を引き出した勢いで両手が水平に開くところまでいった。保育者が「B子ちゃん，すごいねー」とニコニコ笑いながら話しかけている。興奮して遊んでいるB児のまわりに数名の友たちが集まってきた。B児が遊んでいるようすを見て，友だちもかごのなかに残っている芯（筒）を手に取り，まねをし始める。こうしてこの日の桃組の保育は展開していった。

> **学習課題**
> ○保育所保育指針の3歳未満児の保育内容で,「発達の主な特徴」と「保育士の姿勢と関わりの視点」「ねらい」「内容」「配慮事項」との連動性を整理してみよう。
> ○「おむつ交換」や「授乳(あるいは食事)」といような養護性の強い「ねらい」の場面において,教育的視点でのかかわり(援助)についてもシミュレーションしてみよう。

参考文献

岩城淳子「1歳児の遊びの楽しさを探る(1)」松本園子・荒賀直子他編『実践・乳児の生活と保育』樹村房,2002年。

川村晴子・中西利恵・増原喜代・内山明子『子どもの育ちと遊び』朱鷺書房,1999年。

鯨岡峻・鯨岡和子『保育を支える発達心理学 関係発達保育論入門』ミネルヴァ書房,2001年。

佐伯一弥他『保育学入門』建帛社,2003年。

『幼稚園教育要領・保育所保育指針(原本)』チャイルド本社,2003年。

CHS子育て文化研究所編『見る・考える・創り出す乳児保育』萌文書林,2004年。

松村京子企画・監修「乳幼児の心とからだの発達」(ソフトウエア)東京書籍,2000年。

(中西 利恵)

第3章 3歳児の園生活と保育内容

　3歳児入園は，幼児にとってはじめての社会的な集団生活である。社会を知る第1歩である。3歳児の時期は，これまで育んできた養育者との信頼関係をもとに，保育者とのかかわり，仲間とのかかわりの芽生え，物とのかかわりを通した自らが立ちあがる様子を具体的に明らかにする。そこで，3歳児の園生活でのあり方と，幼稚園での基本的生活習慣のもち方について具体的な内容と保育者の援助について述べ，なかでも3歳児にふさわしい保育内容について言及する。

1　生活の自立：基本的生活習慣と保育内容

（1）3歳児入園の意味

　はじめて幼稚園に入園する3歳児。それは今まで十分慣れ親しんできた環境から，より広い未知なる場所へ，それも一人で旅立とうとする大きな変換点でもある。子どもが誕生してから5歳までの小学校入学前までは，養育者と密着した関係から自立へ向かう時期であり，人間形成の基盤となる重要な期間である。誕生して以来，養育者の手厚い保護のもとに育てられてきた子どもが，少しずつ大人の手を離れ，より大きな世界へ飛び立つ準備をする時でもある。家庭の人間関係から同年齢の仲間とのかかわりへと世界を広げていくのである。そのプロセスは，ゆっくりと着実に注意深く配慮されなくてはならない。

これは，今世紀明らかとなった脳の成長とも関連する。幼児期における脳の発達は，脳科学者等によると，適切な環境による自発的なあそびが最も幼児の脳の成長発達を促すといわれている。幼児期からの心の教育といわれるが，それも脳の成長によるものである。適切な物的，社会的環境が脳を成長させ，自発的で集中するときにこそ多くの神経回路が生まれる状況にあるという。換言すれば，自己抑制とかしつけは，この時期に神経回路として形成される。その回路がつくられていれば，青年期になって「社会的なルール」を強化することは可能であるが，幼児期にその回路ができあがっていなければ，社会的なルールにのっとって行動することの意味について理解すらできないとされている。この人間らしい部分，すなわち自己発揮，自己抑制，他者への思いやり等の回路をつくる臨界期なるものが0歳から8歳の期間であるとされている。ここに幼児期の教育の重要性をみるのだが，とくに対人関係やそのことによって生じる心の葛藤による自己抑制，思いやり，他者理解，コミュニケーション能力等，人間として，人間らしく生きる術の基本は，幼児自らが体験し，実感することで獲得していくものである。

（2）3歳児の基本的生活習慣と保育内容

　幼児の内的な成長は，じっくりゆっくり日々の生活のなかで時間をかけて醸成されていくものである。まず生活の流れ，生活の仕方を知り，園生活に慣れるために「身の回りの始末や整理」「手洗い・うがい」「食事」「着替え」といった基本的生活習慣にかかわる活動である。これは，自立へのスタートとなる入園当初のこの時期の大きな特徴である。まず自分の身の回りのことは自分でできる習慣をつけ，そして徐々に周囲の仲間を意識し，友だちとの活動を楽しむようにする。今まで十分に守られてきた家庭を離れて，自分でやってみたいという意欲がちょうどこの時期の自我の芽生えと重なって，いい方向にすすむ時期である。自立への臨界期であるともいえる。その自立が基盤となって自律へと形成されていくのである。

　ここで，3歳児の具体的な保育内容について，2005年に公立幼稚園の調査を

行った結果から概要を述べよう。

　入園当初は，はじめての集団生活であることから，保育者を中心とした活動により，保育者に親しみをもち，集団生活のなかの自分の居場所を少しずつ認識し，園に対する安心感，安定感をもてるようにすることである。そのためには，自分の取り組めるブロック遊びや，お絵かき，おもちゃの車にのること，さらに，自分のイスをきちんと確保する方向で，幼稚園の空間のなかに，はっきりと自分の居場所をもてるように促すことである。飼育動物にかかわることも，安心感をもつ一つのきっかけとして位置づけられる。ウサギなどは，自分でさわってその柔らかく温かい感触で安心し，不安な気持ちが少し落ち着くようになる。草花を摘み，ままごとの材料にしたり，砂・土・泥を使ってごちそうづくりを楽しむといった戸外での開放的な活動も大切である。これらも，はじめのうちは3歳児だけでできる砂場がふさわしい。いずれも幼児が喜んで登園し，安定して過ごせるための中心となる活動である。

　6，7月になると，保育者と親しむだけでなく，保育者を中心にして少しずつ友だちとも触れ合うことができるようになる異なる遊びでも同じ空間で活動したり，同じ遊びをとおしてかかわりの芽生えがみられる。生活に慣れた時期におやつやお弁当，給食が始まること，砂遊びや水遊びなどにより着替えの機会が増えてくる。

　夏休み後の9月からは，はじめての運動会をむかえて，外遊びを中心としたリズム・ダンス・遊戯など，体を動かす活動が多くなる。今までおもちゃの車にまたがって移動していたが，秋には，三輪車になり，貸し借りの体験もすることになる。さらに，園庭に環境設定されているアスレティック等に自分から挑戦してみようとする。この運動に関する活動が多くあるという特徴は，この時期が基盤となってその後に引き続いていく。同時にゲーム・ルールのある遊びが出現している。これは，戸外で体を動かす活動であると同時に，友だち同士で触れ合っていくための活動として，主に保育者の側から提示されている。さらに，秋の虫にも興味を多くもち，園内の虫をとって飼育ケースに入れて楽しむことも多い。

2学期なかばには，身体・音楽的な表現活動としてリズム・ダンス・遊戯に関する活動や楽器を使ったり，歌や劇をする活動が盛んになる。これは，主に3学期に劇や歌を発表する機会があるため，これをきっかけに表現への関心を高めていく意図がある。空き箱で何かを作ったり，絵を描く活動といった造形的な表現活動も多くなってくる。

　一方，人間関係では，好きな友だち，気の合う友だちができ，その友だちと十分かかわりをもてるようなごっこ遊びが増える。冬になると鬼遊びや鬼ごっこの活動も活発にみられるようになる。これらも，友だちとのかかわりをもち，同じ遊びをする楽しさを味わう活動として位置づいている。お正月に関する遊びはこの時期に集中する活動であるが，ここでも，友だちとのかかわりを十分にもつことを期待し，身近な冬の自然にふれる活動を考慮する。たとえば，「雪」「霜」「氷」を保育のなかで取り上げるようにする。「年長児とかかわる」ことが多くあるが，進級に期待をもつきっかけとして考えられる。これは，学年の節目の時期であり，大きくなった喜びをもつことがねらいとしてあげられる。

　これらのことから，3歳児では，まず，基本的生活習慣による自立を促し，集団生活のなかで自分の位置の確認を実感することで，生活に安定性をもたせるための活動が大いになされていることがわかる。さらに，そこを基盤として徐々に友だち関係を拡大していく傾向が図られている。この基盤に引き続き，4歳児では，その自立の上に世界の拡大を図り，自らの生活の組み立てと集団でのルール，自己表現の充実をめざす。5歳児では年長児としての自覚をもつとともに，素材を駆使した遊びの工夫，科学的な視点，集団的なゲーム・スポーツを通して自らの挑戦，課題，工夫をこらす，さらには小学校への進学を視野にいれた文字・数量への関心を高めるようになる。

　以上，3年保育の必要性を発達の観点からと保育内容の基盤としての観点から述べた。幼稚園生活の充実は，まさしく3歳児クラスのもち方によるといっても過言ではない。大好きな幼稚園となることで，ふさわしい集団活動のなかでの自己の確立こそが，4歳，5歳への成長を育む基盤となるのである。

(3) 3歳児保育での基本的生活習慣

　生活習慣とは，人間が人間らしく社会で生活していく上で，必要不可欠なものとされている。そしてそれは，とくに意識しなくても身に付き，自然に行動として起こるものである。「食事」「排泄」「睡眠」「清潔」「着脱衣」が基本的生活習慣としてあげられ，まず幼児が身体的に健康に育つ基本とされている。

　従って，園生活においても，とくに初めて集団生活を経験する3歳児にとっては，保育のなかでも大きな位置を占めている。

　しかし，4月に入園した3歳児のなかには，母親に食事を口に運んでもらったり，紙おむつが手離せなかったりする幼児がいることに驚く。母親に話を聞けば，「自分では，なかなか食べないので，つい私が……」「どこに居ても，紙おむつなら安心なので……」という答えが返ってくる。

　このように，入園するまでの幼児の生活習慣は，家庭や親の都合を重視するあまり，十分定着していないことが多く，その個人差も大きい。そのため，入園間もない幼児の生活習慣の定着には，多大な時間を掛け，一人ひとりの実態に応じたきめ細かな指導が必要になる。

　保育において，用便や手洗い，うがいなどは，十分時間をかけ，丁寧に指導し，日々の積み重ねを大切にすることが定着を図ることにつながっていく。それ以上に家庭や保護者の協力が必要になる。生活習慣の定着は，園と家庭とが連携し，同一に指導することにより大きな効果をもたらす。幼児の園での実態や指導の方法などを伝えながら，家庭でも協力してもらうことを依頼したい。

　入園後まもなく，保健行事として発育測定が計画されている。手を上に上げたまま脱がしてもらうのを待っていたり，衣服の前後が区別できなかったり，ボタンが穴に入らなかったりする幼児は，毎年のように見られる。このような幼児も毎月，発育測定を経験するなかで，コツをつかんだり自分で気付いたりしてできるようになっていく。

　遊んでいる途中で「先生，おしっこ！」といいながら，慌てて便所に向かう幼児の姿も目にする。便所の前には，ズボンやパンツが脱ぎ捨ててあることが多い。

また，弁当時，残り少なくなった弁当箱のご飯粒を保育者が一箇所に寄せて食べさせていたのが，次第にそれが自分でできるようになったり，スプーンに頼っていた幼児が，不器用な手つきでも箸を使おうとしたりするようになる。
　とくに，生活習慣の指導については，「できることは自分でしようとする」ということをねらいとして挙げる。この「しようとする」ということは，確実にできることを期待しているのではなく，「しようとする気持ち」を抱かせることである。したがって，衣服のボタンの掛け違いがあっても，下着を脱ぎ捨てていても，箸の持ち方が十分でなくても，まずは，幼児が自分でしたことを認めたいと考える。それが自立の第一歩であり，その喜びは，非常に大きく，保育者もそのことに共感する気持ちを心がけたい。そしてその後，幼児の間違いに気付かせ，手助けをしながら，正しい方法を知らせていくことが大切である。
　このように，一つひとつのことが，時間をかけてできるようになると，自信や喜びとなり次第に自分のことは自分でしようとする自立心が芽生えてくる。そしてやがて，一人の人間としてたくましく育っていく基礎が培われる。

（4）自分の居場所をつくる

　入園した3歳児のなかには，登園後に母親と離れることに非常に抵抗感を示し，担任の言葉や行動に応じようとせず，泣き出したりすねたりして，なかなか園生活に馴染めない幼児がいる。
　このような幼児のために，保育者が安定感をもたらす工夫をしていくことが必要になる。最も身近な保育室に，幼児が関心をもつと思われる遊びの場を設けたり，常に保育者が室内の幼児に注目しやすい位置に居たりすることなども考えられる。小動物などを飼育している場に一緒に出向き，餌を与えたり触れたりすることにより，次第に気持ちが癒され安定してくることもある。年上の幼児の遊びを傍観していくうちに，気持ちがそこへ引き込まれ，いつの間にか笑顔に変わっていることもある。
　このように保育者が，幼児の状態を把握しながら，さまざまな方法を試すなかで，幼児自身も最も自分が安定する場所——居場所——を探っていくように

なる。

　ここでは，入園間もない不安定な幼児が，自分で居場所を見付け，安定した気持ちになり，周囲の遊びに目を向けていく様子を事例で示す。

事例1　居場所を求めて（4月）

　入園式以降，A児は登園後も母親から離れようとしなかった。前週の後半は，母親が途中で帰った後も，A児はアーチ門の近くにしゃがんで泣いたり，自分の椅子に座って泣いたりした。
　その後，次第に泣き止み，落ち着くようになったが，いつの間にか保育室の一角に置いていた自分の椅子を自ら保育室南側のテラスに移動させ，そこに座っていることが多くなった。学級で活動をしている時も，自分の椅子を保育室南側のテラスに置き，その場所から室内の様子を覗き込むだけで，入ろうとすることはなかった。また，降園の時のみ保育室に入って準備をするが，再び，テラスにある自分の椅子に戻ることを繰り返していた。
　今週より，いつものように椅子に座りながらも，砂場やアスレチックで遊んでいた幼児に目を向け，その後，進んで砂場に行き，一人でごちそう作りをした。その翌日には，運動場にまで行き，地面に絵を描いたり，ほかの幼児が遊ぶ様子を傍観したりした。
　　　　　　　　　　　　　　　　　　　　　　　　　（H県K市F幼稚園）

　入園した頃の幼児にとって，母親と離れることで不安になる気持ちを癒す場所が求められる。それは信頼できる担任のそばであったり，気に入った遊びの場であったりする。

　A児にとっては，それが母親手作りの座布団が掛けてある自分の椅子だったのである。安定した気持ちになれる椅子があるからこそ，そこを拠点として自分の好きな遊びを見付けることができるようになったのだと考える。A児は，砂場，運動場，やがてウサギのサークルへと活動範囲を広げていった。

　このように，幼児にとってそれぞれの居場所をつくることが，次のステップへ進む基盤になると考える。居場所で安定した気持ちで過ごすことにより，周囲の幼児の遊びや幼児同士のやりとりを垣間見るようになる。そしてそのことが，今後，自分で遊び出す力として発揮されるだろう。そして保育者は，それぞれの幼児の居場所を受け止め，温かく見守っていくことを心がけたい。

2 保育者とのかかわり

　3歳児の生活の要は，まず保育者との信頼関係である。そこで，さまざまな幼稚園生活のなかで保育者とかかわりをもつ具体的な保育内容とかかわりを深める事例について述べる。ここでは，3歳児の生活世界の特徴を述べ，その上での保育者とのかかわりのもち方を一年間の経緯を追って説明する。

(1) 保育者と一緒に

　入園間もない幼児は，登園後，保育室やその周辺で立ちつくしたままだったり，ただ茫然と周囲の様子を眺めていたりすることがある。不安や戸惑いを抱きながら，何をすればよいのか，どうすればよいのか，分からない状態なのだろう。このような幼児のなかには，泣きながら，あるいは不安そうな表情をしながら，無意識のうちに，保育者に手を差し伸べてくることがある。単に保育者に手をつないでもらうだけで，気持ちが安定する幼児がいるのである。気がつけば，保育者の周囲には，手をつないでもらうことを求める幼児が数名いることがあり，その対応に困ってしまうという体験がある。幼児にとって，園生活で最も信頼を寄せているのが，担任であるというのは明らかなことである。

　ここでは，入園間もない幼児が，保育者に手をつないでもらうことで安心感をもつ姿を事例で示す。

事例2　先生と手をつないで（4月）

　B児は，登園後から保育室にいるが，じっと床に座っているだけだった。泣いている様子はないが，表情はあまりなく，保育室のなかをあちこち，見回している。大きな声がすれば，そちらの方へ視線を移している。

　登園した幼児をテラスで迎えていた保育者が保育室に戻って来ると，B児は，その声に振り向き，保育者のそばに来て手を差し出した。B児の硬かった表情は，柔らかい表情に変わっていた。その後，保育者は，B児と手をつないで，運動場の方へ向かった。

（H県K市F幼稚園）

登園後，なかなか自分から遊び出そうとしないB児は，保育者が保育室に戻って来るのを待っていたと思われる。保育者の姿を見ると，すぐに保育者の元へ，行動を移している。そして，幼児が保育者に手を差し出し，その手を強く握ってもらうだけで，すでに心の安定を図ることができるのである。

　子育てをする上で，親子のスキンシップが大切なことは，十分理解できることであるが，保育における幼児と保育者とのスキンシップも同様に大切である。手をつなぐ，肩を抱く，膝に乗せる，抱っこをするなど，十分，幼児と触れ合うことを心掛けたい。

（2）保育者とかかわりをもつ

　園生活に親しみ，周囲の友だちや遊びに目が向き始めても，幼児にとって保育者の存在は大きいものである。家庭を離れて集団生活を過ごす幼児には，保育者は，どっぷりと甘えたい"お母さん"のイメージと重なるのかもしれない。
　ここでは，保育者に1対1のかかわりを求める幼児の姿を事例で示す。

> **事例3　「先生，読んで」（7月）**
>
> 　登園後，C児が「先生，読んで」といって，保育者の所へ1冊の絵本を差し出した。担任は，この時，ほかの幼児とかかわっていたので，「ちょっと待っててね」とC児の顔を見ながら笑顔で声を掛けた。
> 　するとC児は，うなずき，その絵本を脇に抱えて，しばらく立ったまま待っていた。
> 　その後，C児と保育者は，保育室北側のテラスに椅子を持ち出して，隣り合って絵本を見ることにした。C児は，保育者の膝に片手を置いたまま，絵本から少しも目を離さず，熱心に聞き入っていた。
> 　　　　　　　　　　　　　　　　　　　　　　　　　　　（H県K市F幼稚園）

　C児が差し出した絵本は，以前にも保育者の所へ持ってきたものと同じものだった。保育者の言葉を聞き，しばらく待っている様子からも，この絵本は気に入って大切にしているものだということが感じられる。それだけに「読んで」の言葉は，しっかり受け止め，C児と保育者とのひとときを大切にしたい。C児が，保育者に絵本を読んでもらい，満足している様子が感じられる。

この時期は，まだ幼児同士で遊ぶことよりは，保育者とかかわりながら遊ぶことを好む幼児が多い。保育者にかかわりを求めてきた際には，無理に同年齢の幼児の遊びに誘ったり，保育者がそばから離れたりすることよりも，幼児の要求に応じ，保育者との1対1のかかわりをもつことを大切にしていきたい。

（3）保育者とのかかわりを深める

　1学期に感じられた「先生のそばにいたい」「先生と一緒に遊びたい」という気持ちから，保育者の姿が身近にあれば，一人で，あるいは数名の幼児のなかでも安心して遊べるようになる。
　ここでは，保育者の傍らで，遊びを工夫しようとする幼児の姿を事例で示す。

事例4　箱をつないで（10月）

　保育室には，いつも製作をしている幼児が数名いる。この幼児のそばで，保育者が牛乳パックを短く切って小物入れを作っていた。
　たくさんできたので床に置いていると，D児が，いつの間にか，それを長くつなげていた。すべてつなげた後は，保育者がパックを切り終えるのを待っては，1個ずつ，つなげていた。そばにいたE児は，室内にあったポテトチップスの空き箱を牛乳パックと同じように短く切り取って，その続きにつなげていた。

（H県K市F幼稚園）

　保育者の足元で，D児やE児が，このような遊びをしていたことに，しばらくの間，保育者は気付かなかった。D児は，保育者が牛乳パックを切り終えるのを待っては，1個ずつつなげ，長くしていくことに面白さを見出しているのだろう。E児は，保育者がしていることを真似たいという思いから自分から切りやすい箱を見つけてきたのだろう。
　このように，保育者が直接かかわっていなくても，保育者の傍らで過ごすことに安心感を抱き，自分から進んで遊び始めようとしている。そこでは，保育者のしていることに関心をもち，真似たり自分なりに工夫したりすることから遊びが広がっていくことがある。

3 仲間とのかかわりの芽生え

　同年代の仲間と初めて集団生活に入った3歳児は，さまざまな事柄を通して自分以外の存在を感じ始める。そこでは，他者との出会い，かかわりなど，これから学ぶ多くの事柄の開始ともいうべきことが，日々の生活，遊びのなかに見出される。その芽生えの実際とそれを育む保育者のあり方を述べる。

（1）友だちがいること

　これまでの家庭での生活から，同年代の仲間との集団生活に入った3歳児は，この新しい生活を経験するなかで，徐々に保育者や友だちなど，自分以外の存在を感じ始め，やがて親しみを感じるようになる。
　ここでは，遊びのなかでの同年齢の幼児との出会いやそこでの保育者とのかかわりを通して，一人の遊びから友だちに目を向けていく様子を事例で示す。

> **事例5　サルビアの蜜に誘われて（9月）**
>
> 　F児は，園庭で三輪車に乗っている。花壇の前で止まると，そこにいたG児が，F児にサルビアの花びらを差し出し，「これ，吸ってみて」という。F児は，三輪車に乗ったまま，サルビアの蜜を吸う。保育者が「先生も吸いたいなあ」というと，G児が一つ手渡してくれる。「どんな味がする？」と尋ねると，F児は「甘い」，続いてG児も「甘い」という。
> 　その後，G児はその場から離れるが，F児は一人になっても，サルビアの蜜を吸っては，花びらを摘むことを繰り返している。　　　　　　　　（H県K市F幼稚園）

　入園当初，三輪車を足で蹴って進んでいたF児は，1学期末にはペダルが漕げるようになった。乗れるようになったことが自信につながり，乗っていることでF児は，安定した気持ちで遊ぶことができる。本事例においても，友だちの誘いかけに素直に反応することができる。
　一方，保育者も幼児と同じ空間で，同じ体験をすることにより，幼児の気持ちに寄り添い，共感することができる。また，保育者がその場にいる幼児に共

通の話題を投げかけることにより，互いの存在を意識し，一時的にでもつながりをもとうとする。

（2）ものをめぐる葛藤

 1学期半ばになると，園生活のリズムを身体で感じ取り，保育者や友だちと過ごすことが楽しくなってくる時期である。このような時期になると，小さなトラブルが頻繁に起こってくるようになる。持っていた物を奪ったり，相手を叩いたり，突いたり噛んだりする行為である。これは，友だち同士のかかわりが生まれてきたという成長の表れである。しかし，相手に十分，自分の気持ちが表現できない分，そのような行為になるのだと考える。
 ここでは，遊具をめぐり，自分の思いが相手に伝わり，解決していく様子を事例で示す。

事例6　「積み木，返して！」（6月）

　H児が使っていた積み木を床に置いていると，I児が知らずに別の場所に持ち去った。
　H児は，近くにいた保育者に視線を向けた。保育者は，「Hちゃん，自分でI君にいってごらん」と促した。小さな声で「返して！」という。I児は気づかないので，その都度，保育者に視線を向けるが，自分でいうように促した。
　4度目にI児が気づき，積み木はH児の元に戻る。その時，保育者がH児に「Hちゃん，頑張っていえたねえ」というと，H児は，柔らかい表情で保育者の方を見た。
　　　　　　　　　　　　　　　　　　　　　　　　　　（H県K市F幼稚園）

 H児は，自分が使っていた積み木をI児が持って行ったことを，本人に訴えたいのだが，取り戻したり言葉で伝えたりすることができなかった。しかし，諦めるのではなく，保育者に助けを求めてきた。
 この時，保育者がH児の思いを受けて，I児に直接伝えるのではなく，自分の言葉で伝えるよう，励まし，待つことにした。その結果，小さな声ではあったが，自分の言葉で精一杯，相手に訴えることができた。そして保育者は，時機を逃さず，その行為を受け止め，認めることで，幼児自身の言動は自信につなが

っていく。

（3）友だちとともに活動すること

　園生活を過ごすなかで，一人で遊んでいても自分の周囲にいつも同年齢の友だちがいるという自分以外の存在に気づく時期から，その友だちとかかわって遊ぶ時期へと移行していく。友だちと一緒に同じ遊びをしたり，会話を交わしたりすることを通し，一人で遊ぶことより二人あるいは複数で遊ぶことの楽しさが感じられるようになってくる。

　しかし，かかわって遊びたいが，その気持ちが相手に十分伝わらず，逆に相手に不快感を与え，泣かせたりけんかになったりすることもある。

　ここでは，友だちの遊びに興味をもち，そこへ仲間入りをしていく様子を事例で示す。

事例7　「入ってもいいよ」（5月）

　　J児，K児，L児，M児，N児の5名の女児が，砂場とその周辺で誕生会のごちそう作りをして遊んでいた。J児が，砂の入った皿をアスレチックに持って上がったことがきっかけとなり，後の4名も同様にアスレチックのなかにごちそうを持ち込んだ。

　　同じく砂場で遊んでいたO児は，自分が作ったケーキ入りの皿を階段の上段にいるM児に手渡した。二人の間に交わす言葉はない。その後，ごちそうを作っては手渡すことを数回繰り返した後，ようやくM児に「入ってもいいよ」といわれ，アスレチックのなかに入ることができた。

　　その後，J児やK児と一緒に滑り台を滑ったり，滑り台の周囲を走り回ったりすることを繰り返した。その時のO児は，笑い声を上げ，終始笑顔だった。

　　　　　　　　　　　　　　　　　　　　　　　　　　（H県K市F幼稚園）

　O児は，アスレチックのなかに移動した"誕生パーティー"の遊びに入りたい思いがある。そこでO児が取った行動は，アスレチック入り口にいるM児に自分の作ったごちそうを持って行き，仲間として認めてもらえるようアピールするということだった。

　保育者がO児の思いをJ児たちのグループに伝えることは容易であるが，J

児が自分なりに，相手へアプローチする姿を見守っている。そして，その姿を認めるとともに，今後，遊びの仲間入りをするための言葉にも気づかせていく必要がある。

4 物とのかかわり

(1) 活動による内面的乗り越え

　3歳児は，物とのかかわりをとおして自分の居場所をもち，自分の世界を広げ，物を介して他者とかかわる。ここで，一人の幼児が入園後間もなく活動をとおして自分の課題を乗り越える様子を事例で示す。

> **事例8　きっかけとなる活動を通して（5月）**
>
> 　5月の連休も終わり，やっと幼稚園生活にも慣れてきた様子の3歳男児P。いまだに門のところで母親と離れることは難しいが，園での生活はできるようになってきた。
> 　午前中のあるとき，地面に座り込んで何するともなしに，周りで遊んでいる他児の様子をながめている。保育者は，P児が何か活動をやりたいのではと思い，周囲で活動していることをひとつずつたずねた。すると，P児は，実は野球をやってみたいことがわかった。そこで，5歳児の活動に加えてもらい，3回ほどペットボトルをバットにみたてて，紙のボールを打たせてもらった。
> 　この活動は，その後P児の行動を変えることになる。P児が何か出来事につまずいて泣いているとき，しょげているとき，自信をなくしているときなど，「野球やろう」ということで「うん」とうなずき，自ら意志で行動するようになる。この活動を起点にカニの飼育や，砂場での活動へとますます活動の範囲を拡げていく様子がみられた。
> 　　　　　　　　　　　　　　　　　　　　　　　　（H県K市F幼稚園）

　これらの一連の流れからP児にとって「野球」が能動性のきっかけになり，また徐々にその活動が実際に行われなくても自ら動くことのできる基盤づくりになっていたことがわかる。立ち直りにきっかけとしての好きな遊びがあり，そのことで「自分自身をとり戻す」ことができるのである。好きな遊びをみつけることは，換言すると「出会う」ことかもしれない。その出会いによって自

分のなかの自分に目覚め，さらに自分を耕していくことであろう。その結果，このP児にもみられたように表情が真剣に，何かに集中するようになる。P児は，自分の混沌とした世界を自分で整理して折り合いをつけていこうとしているのであろう。幼児は，自ら能動的に道を切り開き，その背後から見守り，そっと手で押してあげることが肝要であろう。

（2）物を介したトラブルとかかわり

周囲の友だちを意識し始めると，遊具や遊び場所などの取り合いによるトラブルが発生することがよくある。まだ，十分，自分の気持ちが言葉で表現できない幼児は，突然，遊具を相手から奪ったり，叩く行為で相手に気づかせようとしたりする。それが逆に相手の感情を高ぶらせることになり，トラブルとなる。

ここでは，幼児同士でトラブルを解決していく様子を事例で示す。

事例9　「そんなに怒らんでもいいやろ！」（2月）

3歳児保育室の南側にある砂場や滑り台の周辺で，数名の3歳児が遊んでいる。手には，それぞれ砂場のスコップや武器に見立てたブロックを持っている。

そのうち，4名の男児が，Q児を取り囲んでいる。突然，Q児が「そんなに怒らんでもいいやろ！」と大声で叫んだ。しばらく，にらみ合っていたが，その後，全員が先程の遊びに戻った。　　　　　　　　　　　　　（H県K市F幼稚園）

何事もなく遊んでいた幼児のなかで，突然，トラブルが発生した。恐らく，相手に滑り台を譲らなかったり，何気なく乱暴な言葉を投げかけたりするというQ児のちょっとした言動がきっかけで生じたことだろう。しかし，Q児の力強い言葉によって，この場の空気が一変している。確かにQ児にも，そして相手にもいい分があるはずだが，相手の気持ちの高ぶりが，この言葉で静まり，再び遊びが再開したのだ。

たいていの場合，保育者がそばにいて様子を見ていれば，このようなトラブルが発生した場合には，その仲介役として双方の話を聞いてやったり，言葉が不十分な場合は代弁してやったりする。しかし，本事例のように，3学期後半

の時期になれば，幼児同士が次第に親しくなってくるため，自分なりに解決していく過程をしばらく見守ることも必要である。

(3) 3歳児にふさわしい保育内容と援助のあり方

　集団生活を初めて経験する3歳児は，入園すると同時に新しい世界へ踏み込むことになる。初めて出会う保育者，多くの友だち，見慣れない園内の様子など，これまでの家庭生活から環境が大きく変化する。このようななかで，それぞれの幼児が，不安や緊張，戸惑いを抱くことは，ごく当然のことと思われる。

　保育者は，この幼児の気持ちをしっかり受け止め，保育室やその周辺の環境を整えながら，生活や遊びにおいて，一人ひとりの幼児に応じた適切なかかわりを心がけなければならない。このような生活を過ごすなかで幼児との信頼関係を築いていくことができれば，次第に自分が安定する気に入った場所である居場所を見つけ，遊び始める。そこでは，保育者との遊びから，やがて周囲の友だちに目を向け，友だちとの遊びに楽しさを見出すようになる。友だちとのトラブルが多く発生するのも，この時期だろう。

　こうして，3歳児にとって「3年保育の1年目」がスタートする。この意義を考え，個人差を十分考慮しながら，ゆっくり確実に保育を進めていきたい。そのためには，3年間の保育を見据えながら，無理のない緩やかな指導計画を立案していく必要がある。

学習課題

○3歳児の1年間の各学期ごとの活動の特性と教育的意義を述べなさい。
○3歳児の物とのかかわりが，自立にどのような役割を果たしているのか，また，その際の保育者の役割について述べなさい。

参考文献
　名須川知子・小谷宜路「保育内容の構築に関する研究――公立幼稚園における保育内容の調査を中心に」兵庫教育大学編『兵庫教育大学研究紀要第26巻』9-21, 2005年。

（名須川　知子・上月　康代）

第4章 4歳児の園生活と保育内容

　本章では、4歳児の園生活と保育内容について、①園生活をよりよくするための生活習慣、②仲間とのかかわり、③イメージと保育内容（ごっこ遊び）という3つの視点で述べる。具体的な事例を基にしながら、3歳児や5歳児と異なる4歳児の特徴をより明確に示していきたい。

　まず、集団の生活をよりよくするために必要な生活習慣を、どのように保育に位置づけているか、当番活動と遊びの後片づけを例に述べる。次に、4歳児の重要な保育内容である仲間とのかかわりについて、かかわりの広がりと深まりという2つの方向から論じる。最後に友だちや保育者とともにイメージを膨らませて遊び込むための環境構成と、ファンタジーからリアルへと変化していく気持ちの変化をごっこ遊びの事例を通して述べたい。

1　園生活をよりよくするための生活習慣

（1）個人の生活の充実と集団生活の充実

　3歳児では、衣服の着脱、食事、清潔など個々の生活習慣を身に付け、生活の自立を促すことが重要な保育内容である。それを受け、4歳児は、集団の生活のなかで必要な役割をもたせ、新たな生活習慣として取り組むことをねらいに位置づけやすい時期である。幼児の生活の基本は、個人のものであるが、人が集団、社会のなかで生きていくためには、その一員として生活する意識も必要である。個々が集団生活に必要な生活習慣を身に付けることで、集団生活が

円滑にすすむようになる。その集団のなかで過ごすことは、個々の幼児が心地よさを感じて生活できることに繋がる。個人の生活を充実させることと集団生活を充実させることは、別のものではなく、同時に実現されるものである。そして、4歳児において、自分もほかの人もともに、気持ちよく生活できることを実感することは、5歳児が幼児たちで生活を創っていく基盤ともなるのである。

　ここでは、グループでの当番活動、遊びの後片づけを具体的な例として、園生活（個人の生活、集団生活を含むもの）をよりよくするための生活習慣について、保育のなかでのその位置づけ方、指導のあり方を考えたい。

（2）グループでの当番活動のあり方

　幼稚園では、数人のグループを作り当番活動に取り組むことがあるが、集団のなかで役割を担うことが、幼児の負担になってはならない。たとえば4歳児は、自分の食事の準備だけでなく、「布巾で机を拭きたい」「やかんの湯を注ぎたい」など保育者の行動を見て、手伝うことに関心を向ける実態がある。関心のある幼児に任せることで、自分もしてみたいと楽しみにする姿がさらに増える。その姿をふまえ、順番に取り組むことが当番活動のきっかけとなる。当番活動は幼児の意欲や必要感から始められるべきものととらえるようにしたい。

> **事例1　当番（4歳児10月）**
>
> 　5人ずつのグループがあり、そのなかで1人が当番となり布巾で机を拭くと、グループの幼児が食事の準備に取りかかる。当番は毎日交替する。この日、ほかの当番は活動を始めているが、A児は当番に気づかずにいる。
> 同じグループのB児「Aくん、当番、当番」
> C児「早くしてくれないと、困っちゃうよ」
> A児は、すぐに気づき、急いで布巾を取りに行く。
> その他の4人は、椅子に座り「もういい？」と待ち、A児が拭き終わると、「いいよね」といって準備（手洗い、弁当箱の配膳など）にかかる。
> その後、D児の準備がなかなか終わらないでいる。
> C児「最後になっちゃうよ」と、D児の鞄から弁当箱を出すのを手伝う。
>
> 　　　　　　　　　　　　　　　　　　　　　　　　（S県S市S幼稚園）

事例1では、当番が準備をすすめないと自分たちが準備に移れない、また、全員が準備を終えないと食事を始められない、ということを同じグループの幼児がよくわかっていて、それを行動に表している。強く指摘するのではなく、決められた当番活動をするまで待ったり、遅れそうなところを手伝ったりしながら、グループで揃って食事の準備をすすめようとしている。4歳児において、決まったグループのなかで当番活動に取り組むことは、集団生活に必要なことを互いに意識し、それらを習慣として身に付けるうえで有効である。きまりだから当然守らなくてはならないという気持ちから習慣化を促すのではなく、自分にとっても友だちにとっても、都合がよいという便利さに気づいて取り組めるようにしたいものである。

(3) 遊びの後片づけのあり方

幼児が意欲をもって遊びの後片づけに取り組めるようになるためには、3つのポイントをおさえた指導が必要である。以下、それぞれのポイントについて、4歳児の実際の姿とあわせてみていこう。

事例2　遊んで片づけて（4歳児6月）

プラフォーミング積木はすぐに使い出せるよう、保育室の一角に積んである。
男児4人が集まり、積木を使ってごっこ遊びの拠点になる乗り物を作り始める。イメージをいい合いながら、約50分ほどかけて完成させる。
F児「先生、見て見て、かっこいいでしょ」
保育者「すごいね、今までで一番かっこいいね」
E児「でしょ。あのね、今日、積木全部使っちゃった」
G児「そう、いつもよりおっきいんだ」
その乗り物を使って遊んだあと、食事を前に、片づけの時間となる。
H児「片づけだ」
保育者「作るのすごく上手だったから片づけも上手にやるよ」
E児「Eたち、片づけるのできるもんね」　F児・G児「よーし、やるぞ」
10分程で片づけ終えると、E児は「できたあ」と喜ぶ。　　（S県S市S幼稚園）

第1のポイントは、遊び自体を充実させることである。事例2の4人は進級

前より4歳児保育室にある積木を使うことを楽しみにしており，年度当初から繰り返し使っていたが，うまく組めず途中であきらめることも多かった。この日は初めて納得したものを作れた様子であり，その後の片づけにも意欲的に取り組んだ。使った積木の量が多く，片づけが進まないことも予測したが，積木で作り上げたときと同様に，片づけの後も達成感のある表情が見受けられた。
片づけに積極的に取り組ませたいとき，片づける場面での指導方法のみを考えがちだが，それ以前に遊びそのものを充実させることが必要であろう。遊びに物足りない気持ちが残っていると，片づけへの切り替えができず，時間ばかりかかる結果になってしまう。遊びのなかで十分に達成感，満足感を味わうことが，片づけへの意欲に繋がり，次の活動への自然な移行が促されるのである。

事例3　片づけパトロール（4歳児10月）

Ｉ児「ドンジャンケンしてたから，何にも片づける物なーい」
保育者「じゃあ，外に落ちてる物がないかパトロールしてきてくれる？」
Ｉ児「いいよ」　保育者「Ｉ隊員お願いします」
Ｉ児「ラジャー！」　Ｊ児「ぼくは，ぼくは？」
保育者「Ｊ隊員もパトロールお願いします」　Ｊ児「ラジャー！」
保育者「応答せよ，応答せよ，Ｋ隊員。至急パトロールお願いします」
Ｋ児「ラジャー！」
3人で園庭を走り，片づけられていないボールなどを集めて回っていく。

（Ｓ県Ｓ市Ｓ幼稚園）

　第2のポイントは，幼児のイメージを引き出すことである。使った物を自分で片づけることが基本だが，遊びの展開によっては，片づける物の数，量に大きな差が出る場合もある。たとえば4歳児中頃には，鬼遊びとお店ごっこが，どちらも大勢の友だちとのやりとりを楽しむ遊びとして同時に展開することがある。そのとき事例3のように，物を必要としない鬼遊びに取り組んだ幼児が，片づける物がないと時間をもて余すことも見受けられる。学級全体での協力的な片づけへの意識が，無理なく芽生えるようにするためには，片づけにおいても遊びと同様，イメージを引き出すような働きかけが有効であろう。事例3で

は「パトロール」「隊員」という言葉を使って促したが,ほかにも「宅急便」といって遊具を運ぶ,「ゴミやさん」とゴミを集める,「拭きやさん」と汚れた机を拭くなど,楽しんで取り組める例がある。4歳児はイメージを十分膨らませ,そのなかで遊ぶことを最も楽しむ時期である。片づけの場面でも,幼児のイメージを引き出し,遊びに繋がる雰囲気を作ることで,楽しみながら集団生活に必要な生活習慣を身に付けることができる。

事例4　上手に片づけるには（4歳児10月）

プラフォーミング積木を組んで作った場に,ままごと道具を持ち運んで使う姿が,数日続いている。その際,食べ物に見立てて使っている毛糸が,たくさん床に落ちている状態が目立っている。片づけの度に,なかなか集めきれず,時間ばかりかかってしまっている。片づけのあと,全員を集め,どうしたらよいか話題にした。
保育者「どうしたらいいかな？」
幼児「ちゃんと片づける」と口々に言う。
保育者「ちゃんと片づけたら良いって先生も思うけど,毎日毎日片づけ,大変で嫌になっちゃうよね。何か,良い考えあるよっていう人いるかな」
L児「本とか片づけない人がいる。もとの場所にちゃんと戻す」
保育者「そうだね。出した物を出した人が片づければきれいになるよね」
M児「最初からいらない物は出さない」
保育者「Mちゃん,いいことに気づいたよ。使わないものは,最初から出さなければいいね。何でも出して,そのままっていうのは,よくないもんね」
N児「運ぶときに,落とさないようにする」
保育者「そう,スパゲッティの毛糸,ぽろぽろ落としている人いるよね」

（S県S市S幼稚園）

第3のポイントは,学級共通の問題として提示する機会をもつことである。事例4では,一部の片づけだけが終わらず生活の流れが停滞することの多い実態をとらえ,片づけの仕方について学級全員で話題にする機会をもった。どの幼児も生活のなかで,片づけがうまく進んでいないこと,その状況は決して良いものではないことを実感していたようだった。発言のない幼児も多かったが,保育者や友だちのする話に注目し,一生懸命聞こうとしていた。保育者が一方的にきまりを作り幼児に伝えるのではなく,事例4のように,幼児が自分た

ちの生活をよりよくするためにどうしたら良いか考え，個々の考えを学級全員で共有できるきっかけをつくることも，4歳児には重要な指導である。

2　仲間とのかかわり

（1）「仲間とのかかわり」をとらえる2つの視点

　幼児同士のかかわりは保育内容としてきちんと位置づけられなければならない。保育者や仲間とかかわることの楽しさに気づく3歳児，仲間と十分かかわり，ともに生活や遊びを創り出す5歳児である。その両者をつなぐ4歳児では，「かかわりを広げる」「かかわりを深める」という2方向から仲間とのかかわりをとらえたい。

　仲間との「かかわりを広げる」とは，数人の仲間との関係を基盤にしながら，より多くの友だちと一緒に遊ぶ楽しさを知ることである。一方，「かかわりを深める」とは，数人の気の合う仲間とじっくり遊ぶなかで，同じ相手であっても場面によって多様なかかわり方が必要であることに気づくことである。この2つは，実際の保育では相互に関連しながら現れ，明確に区別されるものではないが，保育者は幼児の仲間とかかわる力をどちらの視点で育てようとしているのか，場面ごとに意識して保育しなければならない。育てたい方向を意識することで，どのような活動内容や指導形態を選択するのかも自ずと定まってこよう。

（2）仲間とのかかわりを広げる

　仲間とのかかわりを広げるための具体的な活動内容の1つとして，鬼遊びなどルールのある遊びがあげられる。4歳児は，友だちと競い合うことや身体を動かすことへの興味が高まり，ルールのなかで遊ぶ楽しさをわかってくる。ルールのある遊びは少人数よりも大勢で取り組んだ方が楽しいことも，経験のなかで実感できるようである。大勢でこそ楽しくなる遊びを保育に取り入れることで，仲間とのかかわりを広げることが可能になる。

> **事例5　ジャングルジムで待ち合わせ（4歳児3月）**
>
> 登園後，先に着替えの終わったO児，P児が氷鬼をしようと園庭へ出る。
> Q児「ちょっと待って，わたしも入る」　O児「じゃあ，待ち合わせね」
> Q児「どこ？ジャングルジム？」　O児「そう。先行ってるよ」
> R児が登園する。
> Q児「Rちゃん，氷鬼する？」　R児「ちょっと待ってて」
> Q児「ジャングルジムで待ち合わせだって」
> S児は着替えをしている。
> P児「ジャングルジムで待ち合わせね」　S児「わかった，すぐ行く」
> 着替えの終わった幼児が次々に園庭へ出てジャングルジム周辺に集まる。
> 十数人が集まると円形になり，それぞれ片足を出して鬼を決め始める。
> 一人が「オ・ニ・キ・メ・オ・ニ・キ・メ・オ・ニ・ジャ・ナ・イ・ヨ」と出された足を指でたどり，当たった幼児から散らばって逃げ始める。
> 一人ずつ抜け，残った幼児が鬼になる。
> （S県S市S幼稚園）

　事例5は，4歳児末に幼児同士が誘い合って氷鬼を始める場面である。「ジャングルジムで待ち合わせ」というきまりは，幼児のなかから生まれてきたものであり，氷鬼は大勢でした方が面白いということをわかって，やりたい人が揃うまで待ってから始めている。では，どのような経験の積み重ねが，仲間とのかかわりを広げることにつながったのか，事例5の姿が出るまでの1年間の遊びの経過と，そこでの指導方法について概観してみよう。

　事例のO児やQ児は，4歳児進級当初から氷鬼や相撲に興味を示すが，なかなか一緒にする人を集められず，保育者に手助けを求めてくることが多い。1学期は，保育者が誘い方を示していくことで大勢の幼児が参加し，その遊びが成立するようにした。2学期になると，大勢で遊びたいという気持ちの強い幼児が「氷鬼しよう」と誘い，保育者が参加しない場合でも学級の半数以上が遊びに参加するようになる。ただ，それまでの経験の差からルールが徹底せず，遊びが進まない場面も増えるので，その都度仲介し，繰り返すなかで大勢で遊ぶ楽しさを共有できるようにした。また，遊びに参加したい気持ちがあっても遊びがすすんでしまい，躊躇している幼児については，保育者が一緒に参加す

ることでとけ込めるようにした。3学期には，事例5のように自分たちで誘い合い，保育者がいなくても安定して遊びが展開するようになる。遊びの途中でも，「もう1回，鬼決めしよう」と自分たちできっかけをつくりながら，大勢での遊びがすすむ。ここでの保育者は，あえて積極的に参加することを控え，速い鬼から逃げることや，足の速い人を捕まえることをしたくて保育者に役割を求めて誘ってくる場合に参加した。

　仲間とのかかわりを広げる過程は一様でなく，O児やQ児のような大勢で遊ぶことへ早い時期から興味を示す幼児の存在が，かかわりを広げる際の中核となっている。保育者の役割も，積極的にかかわりを仲介する時期から，幼児が自分たちでかかわりを広げる状況を確保する時期へと変えていかなければならないだろう。鬼遊びをはじめ，ごっこ遊びなどにおいても，仲間とのかかわりを広げる過程が共通する。まずは，大勢で遊ぶことへの興味が芽生える実態をとらえること，そして，その興味を実現できる遊びを精選して展開していくことが，4歳児では重要である。

(3) 仲間とのかかわりを深める

　4歳児の中頃には，生活のペースや遊びの興味の近い幼児が一緒に行動することが増え，数人の決まった仲間とのかかわりが頻繁になる。事例6の3人も，6月頃からほぼ毎日といって良いほど，ともに遊ぶ姿があった。1学期はT児が遊びの方向を決め，2人がそれに賛同して遊びがすすめられた。次第に，U児も自分の考えを言葉にして伝えようとするものの，T児の考えに押し切られてしまい不満を訴えるようになった。それでもT児のU児らに対するかかわり方はあまり変わらず，とにかく自分の考えたとおりに3人で遊ぼうとすることに固執していた。当然，衝突する場面は増え，互いにそれをうまく解消できない日が続いた。そこで，T児が仲間とのかかわり方を考えるきっかけにしたいと考え，保育者からT児を誘い，2人になって落ち着いて話す場面をつくった。

> **事例6　友だちのこと，どう思う？（4歳児10月）**
>
> 保育者「T君，この頃3人はどう？」
> T児「遊びたいけど，うまくいかない時がある」
> 保育者「遊びたいけれどうまくいかないんだ。T君は，何して遊びたいの？」
> T児「ポケモンごっこやりたいんだけど，U君とV君は，やりたくないって」
> 保育者「それで，けんかになっちゃったのか。T君が，やりたくないってやめる時もあるの？」
> T児「そういう場合もある。けんかして毎日帰る」
> 保育者「けんかしたまま帰って，次の日どうしてるの？」
> T児「帰って，寝て，次の日になると，忘れちゃうから大丈夫なんだけど，でも，また，けんかになる」
> 保育者「T君とU君とV君は仲良しなの？」
> T児「仲良しは仲良しなんだけど」
> 保育者「そうか。仲良しでも，上手に遊ぶのは難しいね」
> T児「うん」と言った後しばらく黙っているが，急に走り出しU児たちの所に行く。その後また3人で遊び始める。
> 　　　　　　　　　　　　　　　　　　　　　　　　　（S県S市S幼稚園）

　保育者は，できるだけ話を聞き出し，T児自身が気持ちを言葉にすることで，かかわり方を考えられるようにした。ここでの会話だけでT児が気持ちを整理できたわけではないが，ひとしきり話をすることで，もう一度U児らとのかかわりに復帰できている。この後，3人の不安定な関係はしばらく続いたが，3学期には，落ち着いてお互いに交渉しながら遊ぶ姿が中心になった。仲間とのかかわりを深める方法は，気の合う数人での関係のなかで，幼児が自分でさまざまなかかわり方に気づくことが基本であるが，全てを幼児に委ねるだけでなく，時には事例6のように，かかわりを支える保育者の役割も必要であろう。

　4歳児中頃以降，いつも行動をともにする関係がみられると，保育者は，安定した仲間ができたととらえがちである。しかし，どのような心地よさによってその関係が成り立っているのか，かかわり方が固定化していないか，一方に葛藤が生じていないかなど，微細な変化を見逃さずにとらえるべきだろう。仲の良い友だちだからこそ，自分の考えを十分に主張し合うことができ，そこで生じる衝突から，相手の立場になって考えたり，調整したりする力が培われる。

また事例6では，U児と気持ちが衝突するT児を中心にしたが，2人の様子を心配そうに見たり，2人の間に入り緩衝的な役割をするV児の姿も，かかわりを深めるうえで意味ある姿ととらえたい。衝突や葛藤の当事者だけでなく，周囲にいる幼児がそのかかわり方を見て，多様なかかわり方に気づくことも多いからである。

　なお，数人の友だちとじっくりかかわることのできる時間を十分に確保することや，数人ずつの遊びを保障する場を構成することが，仲間とのかかわりを深めるための基本となることはいうまでもない。

3　イメージと保育内容：ごっこ遊び

　4歳児の特性として，明らかに3歳児，5歳児とは違う自己発達の特性がある。自己中心的な自分と，聞き分けのよい自分を意識しはじめる時期なのである。それは，自分と友だちの違いを一緒に過ごすなかで気づき，自分とは違う友だちのなかに共通点を見いだす時期である。また求めあって一緒に過ごす楽しさに気づいていくなかで，次第に自分の気持ちを意識し受け入れ表出する時期でもある。しかし，まだファンタジーと現実が同居し，イメージの世界で没頭できる時期でもある。

　その特性を考慮して保育していくことで，4歳児ならではのイメージを膨らませて遊び込むこと，友だちや保育者の誘いに乗ってはじめての出来事にも取り組むこと，5歳児や保育者の活動を真似て，技術や知識をため込んでいくことを体得していくのである。

（1）なりきって遊ぶ・没頭する

　子どもが何かになって遊ぶ姿は，保育所や幼稚園でよく見られる姿である。最近の流行はお母さんごっこではなく，犬ごっこや猫ごっこである。犬や猫の家族になって，「わんわん・くんくん・うぅー」「みぁーみぁー・にゃあーにゃあー」など，鳴き声で感情表現や友だちとのコミュニケーションをとっている。

好んで犬や猫になって遊ぶ意味を探っていくことも必要であろうが，ここでは，子どもが何かになりきり没頭して遊び込めるような，園が準備した環境構成から論じていくものとする。

なりきって遊ぶための小道具　4歳児の特性から，4歳児の保育室には，ままごとのコーナーを構成している保育者が多い。そこには，子どもが「私の世界」「私たちの世界」にポーンと入り込める小道具がある。それは，お姫様のドレスであったり，エプロンであったり，さまざまな器であったりごちそうであったりする。

> **事例7　私の世界（5月A児）**
>
> 　3歳から進級してきたA児は，まん中組さんになったら着たいドレスがあった。しかし，4歳から入園してきた子どもに圧倒されて，なかなか自分のしたい遊びに入ることができなかった。進級して1ヶ月過ぎ，ようやく新しいクラスの生活リズムになれた頃，保育者が洗濯したドレスを整理ダンスにしまっているのを見つめていた。
> 保育者「ドレス，着てみる」
> A児「うん」
> 　それからのA児は，ドレスを着てごちそうを作ったり買い物に出かけたりして遊ぶようになった。
> 　A児のことが大好きな3歳児からの友だちB児やC児とお姫様，王子様になりきっている。
> 　　　　　　　　　　　　　　　　　　　　　　　　（H県K市F幼稚園）

　A児は，進級の戸惑いから，ドレスを着ることで「私の世界」をもち，気持ちを落ち着かせて園生活を過ごすことができるようになった。また，進級仲間のB児C児とも共通の場所で遊び込むことで，「私たちの世界」をももつことができるようになった。ただ，まだA児たちの気持ちのなかに，役割意識は見て取れず，場を同じくして，柔らかいかかわり合いに安心感を得ているようであった。B児は，2学期になると同性の友だちとの遊びへと仲間関係を移行するのだが，1学期の間は，A児のそばで「私たちの世界」をともにした。

なりきって遊べる場所　園庭の隅にあるアスレチックは子どもたちのイメージを広げてくれる場所のようである。自分たちのお城で

あるアスレチックを基地にして鬼ごっこを始めたのは2学期も後半になってからである。遠くから見ていると，5歳児も4歳児も群れているように見えたが，よく観察していると，場所を同じくしていても，共通のイメージで遊んでいるのではなかった。5歳児は「泥警」，4歳児は「ヒーローごっこから発展した追いかけっこ」であった。

アスレチックの上で変身ポーズをとったり，回転しながら飛び降りたり，4歳児の追いかけっこは，スピード感よりも，自分たちの世界であるヒーローになりきる，気の合う仲間同士の遊びであるように読みとれた。

（2）自分の世界を共有できる友だち

「私たちの世界」をもつようになった4歳児の遊びは，共通のイメージをもって遊ぶ楽しさと，どうしても摺り合わせられない自我意識の葛藤を含みながらも，友だちと遊ぶ楽しさを求めていく姿を見せるようになる。

イメージの共有　3歳児は，同じ場所で遊んでいても，イメージを共有しあう姿は見られにくい。4歳になると，言葉で情報伝達をしあい，互いのもつイメージを共有しあう姿が見られるようになる。

事例8　D児とE児のヒーローごっこ

　3歳児から進級したD児は，ヒーローになりきって遊ぶことを好んだ。3歳児の頃は，1人ドアの入り口で電車の改札口になり，遮断機をあげたり下げたりする遊びに熱中した。学級の友だちは，遮断機が上がったときにうまく通り抜けていたが，かかわり合う関係には広がらなかった。4歳になり，気の合う友だちE児とは違うクラスになったが，E児がいつもD児を誘いにきて，共通の教材室や中庭，玄関アプローチから保育室に向かうテラスで怪人とヒーローになって遊んだ。いつもD児がヒーローでE児が怪人であった。D児がストーリーとなる場面を刺激的に提供するので，D児のビームがE児に当たると，E児は見事にのけぞりながら倒れるのである。2人のイメージは重なり，私たちの世界を共有しあう心地よさを味わった。

（H県K市F幼稚園）

この関係は，2学期後半まで続いたが，役割交代ができなかったことと，D児のヒーロー限定のイメージ世界から，E児の求める対等な関係で気持ちを交

流させたい思いが重ならず，互いに痛さを味わいながら決別していった。

　決別のとき，保育者はD児にE児がどのような気持ちでいるかを聞いてみた。E児の求める，対等な役割分担へは思いが及ばず，「Dちゃんとは遊ばへん」の言葉だけが辛く残ったようである。D児の辛さに共感しつつ，E児の思いも伝えたが，かけがえのない「私たちの世界」を失った寂しさは，5歳児になるまでもっていった。

（3）役になる楽しさ

　3学期の園の生活は，1年のまとめの生活となる。4歳児も進級を控え，大きくなった自分を生活のなかで味わっている。大きくなった自分を，お家の人々に観てもらおうと，発表会を計画する園も少なくない。発表会は，子どもの生活に密着した材料から，言葉，歌，リズム，制作などクリエイティブな活動を束ねて子どもと保育者と創り出すものである。

> **事例9　劇遊び（1月）**
>
> 　毎日，絵本の読み聞かせを進めてきた学級のお気に入りの絵本は，「ゆうちゃんとめんどくさいサイ」であった。主人公のゆうちゃんは，「めんどくさいったらさーいさい」とパジャマを着替えないし歯も磨かないので，とうとう牙が生えてしまった。「オオカミさんの子におなり」とお母さんに追い出されてもへいきのへいざ。家を出てオオカミの子になる。
>
> 　子どもたちは，自分の家庭生活と重ね合わせて，ゆうちゃんの行動を多分にシリアスに，ちょっぴりユーモラスに，ちょっぴり憧れをもって受け止めていた。
>
> 　幼稚園で昼食中にウロウロしている子どもに，「ゆうちゃんみたいに，しっぽが生えちゃうよ」というと，あわてて保育者のところに来て「大丈夫でしょ」とお尻を触ってみせるなど，子どもたちのなかでゆうちゃんはともに生きている存在であった。
>
> 　3学期の劇遊びは，しっぽをつけるところからはじまった。しっぽをつけた友だちに「しっぽのある子はトロルさんの子におなり」とすぐにお母さんになって友だちが声をかける。
>
> 　頭に手で角を作ると鬼さんになり，手で牙を作るとオオカミさんになる。どの役もちょっと身振りを付けるだけで，子どもたちは鬼にもオオカミにもなりきれた。
>
> （H県K市F幼稚園）

1年前に，3歳児で「オオカミと七匹の子ヤギ」の劇遊びをしたときは，本当にオオカミが怖くて泣いてしまう子どもや，子ヤギを食べるようなオオカミにはなりたくない子どもが多くいた。劇遊びで役になって遊ぶというより，お母さんヤギ（保育者）とともに，自分と子ヤギを同化させた劇遊びを経験している。
　4歳児の劇遊びは，遊びであることを意識し，自分と違う劇中の人物になって遊びを展開することができる。ファンタジーと知りつつ，「顔を洗わない」「パジャマを着替えない」主人公のゆうちゃんに自分を重ね合わせて共感する。また，お母さんに「でておいき」といわれても「へいきのへいざ」のゆうちゃんは驚きでもあり憧れでもある。
　4歳児の劇遊びは沢山の小道具を必要としない。ぼろ切れのしっぽをつけるだけで簡単にファンタジーの世界へ入り込むことができる。場面を変えればゆうちゃんにもオオカミにもなって，その気になりきって演じることができる。役になりきっていれば，台詞は自分の言葉として表現することができる。4歳児の劇遊びは，自分とは違うものになって遊ぶ楽しさを味わえる最適年齢ともいえる。
　5歳児になると，恥ずかしさが照れとなって表れ，自分と役割との間に溝が大きくできる。やりがい感も役になることだけではなく，道具を作ること，演出すること，場を設定すること，台詞を考え出すことなどさまざまに自分を表現する方法と場所が創り出される。
　4歳児の園生活と保育内容は，5歳児の生活の縮小版でも3歳児の生活の拡大版でもなく，4歳児独自の生活が送れるようにしたいものである。それは，子どもたちが園生活のなかで，「私の世界から私たちの世界」を体験し，「ファンタジーとリアルの世界」を使い分けながらも，たっぷりとファンタジーの世界と，友だちとともに遊び込む生活が展開できる環境を構成したいものである。

> 学習課題
> ○幼児期に身に付けさせたい生活習慣について,主に個人の生活に必要な習慣と,集団の生活のなかで必要な習慣とに分類してみよう。
> ○「仲の良い」友だち,「気の合う」友だちとは,どのようなかかわりのことを指すものか,具体的に考えてみよう。
> ○4歳児が豊かに園生活を送るための環境構成のポイントを整理してみよう。

参考文献

今井和子・神長美津子『私の世界から私たちの世界へ――葛藤を通した子どもたちの育ち』フレーベル館,2003年。

倉橋惣三『幼稚園真諦』フレーベル館,1976年。

坂元彦太郎『幼児教育の構造』フレーベル館,1964年。

文部省「幼稚園教育要領」1998年。

(多田 琴子・小谷 宜路)

第5章 5歳児の園生活と保育内容

　子どもたちは，年長組になったことを自負し，自主的に遊びを進めようとする。保育者は年長としての態度を押しつけるのではなく，自覚をもたせることが必要となる。5歳児になると自ら遊びを見つけ，活動も活発になり，遊びへの意欲，関心が高まり，共同体としての遊びを求めるようになる。子どもは共同体のなかでの自分の位置や立場を理解し，それにあった行動をとるようになる。共同体のなかで起きるトラブルを自ら解決していこうとする態度を育てたり，決まりやルールを作り，友だちとの遊びが発展するように計画を立てたりする。共同体での遊びがプラスにもマイナスにもなることをふまえて，保育者は意識して集団づくりを考える。

　小学校就学を前に，子ども自身の期待と不安，周囲の過剰な要求が子どもに圧力をかけかねない。保育も就学を意識して進められる。子どもの実態を把握し，幼稚園と小学校が連絡を取り合うことも必要になってくる。そこには子どもが健やかに育つことを願う保育者の思いが込められている。

　本章では，園生活を自分のものとして充実した豊かな遊びを作る生活を「5歳児の生活計画」で考え，さらに生活を豊かにする仲間との遊びを「共同体」のなかで明らかにする。「小学校との連携」では，幼児と児童がともに互恵性のある望ましい交流を身近な生活から工夫する。

1　5歳児の生活計画

　園生活は子どもの活動を区切ることなく流れるように生活していけることが

理想であるとされる。それは子どもの生活をおとなの考えた形態に無理やり合わすのではなく、生活を教育化する、生活を主体とした考えである。

　園生活を考えると、子どもの遊びは、自然発生的なものもあれば、保育者が意図的に仕掛けたり、きっかけをつくったりするものもある。保育者が仕掛ける遊びは、子どもの内面を豊かにする目的で、長期の見通しをもって計画的に行われる。1学期の遊びの種類は、2学期には減り、運動遊びはルールの複雑なサッカーやドッジボールが主になり、長期の継続した活動へと発展していく。3学期になると、友だちとの人間関係が深まり、集団での遊びが増え、継続していく。それらは、子どもにとってやらされているという気持ちをもたせることなく、自らがその気になって遊ぶということで遊びが発展するからである。それは、季節とも大いに関連している。そこで、四季折々の子どもの姿と生活計画がどのように絡み合っているかを考えていきたい。

（1）春の生活——「体を動かす心地良さと友だちとの遊びが楽しい経験」

　5歳児になるまでに、保育室には教材、素材と用具、楽器、運動用具などを、いつでも使えるように多様に用意しておく。いつ使うか、何に使うかは予測できない。しかし、用意しておくと子どもが何かをつくりたくなり、イメージしたものを実現しようとしたときに、普段から素材や道具を目にしていると、イメージと素材が結びつきやすい。それらを自由に使えるという「雰囲気」も必要である。物との出会いは、創造的な自己表現へのきっかけを作る。

　4・5月の気候の良い時期に運動遊びを計画的に取り入れ、全身を使って遊ぶ心地良さを十分に経験させると、秋に再び運動遊びをするようになる。運動遊びは、一人でするものや友だちと協力するものを多様に取り上げる。リレーは、難しいルールもなく、走る喜びが味わえる。バトンを見つけた子どもがそれを持って走り出す。一人で何周も走る子どももいれば、そのバトンを友だちに渡す子どももいる。次第に子どもが集まり、チームを作って、リレーを始める。数人の好きな遊びが学級活動へと自然に発展する。自分のしたい遊びを十分に味わう経験と友だちと遊ぶ楽しさを経験させることが1年の生活の基盤と

なり，園生活が子ども主体で流れるようになっていくポイントでもある。また，友だちを誘う姿を認め，子ども同士が遊びを伝え合うように仕向けていく。遊びを伝え合おうとすることにより，相手にわかる言葉を探し，友だち関係が深まっていくのである。

　遊びのルールは初めからあるのではなく，困ったときに相談して決めていく。5歳児になると競争意識も芽生えるので，リレーのときにトラックの内側を走って「近道」をする子どもも出てくる。いわゆる反則である。反則は，ルールを決めるきっかけになる。「ずるい」という不満が高まってきたときに，話し合いの場をもつ。そのときに一方的に反則を否定するのではなく，なぜ反則をするのかを聞き，その反則に対してどう思うのかを話し合う。そうすることによってルールが生まれ，それを守って遊びを進めることが楽しいことに気づいていく。

(2) 夏の生活──「解放的な遊び，水との出会い」

　6月頃より水遊びが中心になってくる。ホースを使い，友だちと水をかけ合う，裸になって泥んこ遊びをするなど，心が解放される。砂場では雨といを使って水の流れを工夫する姿も見られる。「そうめん流し」と題して，雨といを置く位置や高さに変化をつけ，水の勢いを調節する。そのなかで水は高いところから低いところへ流れることを体験を通して知る。

事例1　「ホース，貸して」（6月）

　男児Aが折りたたみ式プールで水遊びをした後，横でどろんこ遊びを始める。そこへ女児2人がやってきて，プールに入ろうとしたが，水が減っているのでこの男児たちに，「ホース，貸して」と何度も訴える。しかし，ホースは貸してもらえない。男児は「あかん」と突っぱねる。女児は「ホース，貸して」と怒りながら何度も訴える。その後，女児はたらいに水を入れて運びプールに入れ始める。

（H県M市K幼稚園）

　水という対象との出会いは，子どもの心を解放するだけでなく，遊びを創造させるとともにトラブルの原因にもなる。ボス的な子どもが，ホースを独り占

めにすることで，一部の子どもにとっては不満が残ることもある。このようなときは，話し合いの場をもち，互いの気持ちをいわせ，わかり合うことが解決につながる。

　事例は，短い言葉のやり取りではあるが，自分の欲求を言葉に表すことにより，「ホースを貸したくない」という相手の気持ちを理解することができた。女児はホースを貸してもらえないことから，"たらいを使う"ということで問題を回避し，新しい方向を創造している。

　プール遊びも始まり，園生活はますます活気づいてくるが，5歳までの水への経験が個々に異なることを十分に配慮して遊びを計画しなければならない。

（3）秋の生活──「自然とのかかわり，友だちと共通の目当てをもった遊び」

　5・6月にした運動遊びが復活し，ルールの複雑なサッカーやドッジボールが盛んになり，戸外遊びが多くなる。集団での遊びが多くなる反面，自分のしたい遊びがいえない子どもが「気になる子ども」として浮上してくるのもこの頃である。この時期になると，全体的に子どもたちが目に見えて成長する。ところが，1学期に，手がかからず，積極的でリーダーシップをとっていたような子どもが，周りの子どもが成長し，自分の言い分が通らなくなってくることから，取り残されたような気持ちになることもある。泣き出したり，暗い表情を見せたりすることがある。そのような子どもに対しては，保育者の丁寧で細やかな配慮が必要になる。

　10・11月には，長期にわたる保育計画を立てる。表現遊びからお話作り，大きな共同製作へと友だちと協力して作り上げるものを計画する。子どもたちが目標をもち，それを達成するまで根気強く取り組むようになる。途中で挫折しても何とかやり通そうと計画を立て直し，友だちと協力してしようとする。やり遂げたときの達成感は自信につながる。

　5歳児になると，社会事象にも関心をもつこともできるので，それを保育のなかで生かすことも考える。「ニュースコーナー」を設け，日頃より新聞の切抜きや写真を子どもが貼れるスペースとしてとっておくのもよい。台風が去っ

た後,「台風の落し物」を探しに園外に出かけると，まだ青い木の実が落ちていたり，木の枝が落ちていたりする。木の枝の先をよく見ると，そこに「新芽」があることに気づく。順調にいけば，来年，芽を出す葉が，運悪く台風によって命を断たれたことは，子どもなりにわかるのである。動物の死とは違って非常に静かでわかりにくい「もの」の命ではあるが，子どもの感性には伝わる。落ちている細い木の枝1本からも保育ができるのである。

　2学期半ばより就学を意識し始め，文字や数への関心が高まってくる。6年生のお下がりのランドセルを環境のなかに取り入れると，学校ごっこが始まり，1年生気分に浸ることができる。そしてさらに文字や数への関心が高まり，郵便ごっこへと発展する。これまでに使ってきた牛乳パックの切れ端を利用して，紙すきをし，はがきを作る。家族宛に文字や絵を描き，実際に郵便局に出かけて行き，切手を買い，自分でポストに入れる。ポストにはがきを入れるときは，手を離したら大変なことになるのではないかという子どもなりの不安があり，なかなか手を離そうとしない。翌日，そのはがきが家族宛に届くことで「郵便」の意味がわかり，非常に驚くようである。家族からはそのはがきを大切に額に入れたり，何度も感動したりしたことを保育者宛に手紙が届くこともある。

（4）冬の生活──「雪，氷との出会い」「就学に向けて」

　3学期になると，知的好奇心を揺さぶる遊びを存分に経験した子どもたちは，冬になっても室内にこもることはほとんどない。園庭に出て，霜によって土が固くなっていることや露，もや，吐く息の白さに気づく。そして，子どもの心をとらえるのは氷や雪である。氷を見つけたときの感動は，自分でも氷を作りたいという行動へと発展する。

　就学も間近に迫り，文字や数への関心も高まってくる。かるた，すごろくなどは昔から伝わる遊びであり，文字や数に遊びながら親しむことができる。クラス全体で遊べる教材として保育者が作ったジャンボすごろくをする。「上がり」を楽しませるために，標識や標示は用意しない。何回もしていると子どものなかから「もっとおもしろくするために」と標識・標示の案が出て，遊びが

複雑になる。サイコロの目の数だけこまを進めることで数への関心を高める。また、標識や標示を文字で表そうとすることから文字への関心も高まる。

　2，3月になると就学が近づき、期待と不安で複雑な心境になる。給食はおいしいか、嫌いなものがでたときはどうしよう、宿題はたくさんあるのか、勉強は難しいのかなど、小さなことにまで不安を抱いているのがわかる。就学への不安は、子どもだけではなく、保護者にもある。保護者との話し合いをもつことにより、保護者の不安を取り除くことが子どもを安定させることにつながる。むしろ就学に期待をもたせることと、挫折しても立ち上がれるような強さ、たくましさを育てておくことが大切である。

(5) 生き物とのかかわり

　園生活のなかで忘れてはならないのは、生き物との生活である。それらは生きているというだけでほかの環境とは違った意味をもつ。園庭で子どもたちが遊ぶ傍ら、ウサギや鶏などを放し飼いにすると、自然な生き物の姿を目にする。餌を探す、ミミズやカエルを見つけるとすばやく飛びつく鶏がいる。小屋のなかでは見ることのない生き物の姿であり、生き物の命にふれるときでもある。生き物が子どもに与える力、いとおしさ、不思議さはなにものにも変え難く、子どもの知的好奇心を揺さぶる。

　生き物の世話は、当番活動として取り上げられることが多いが、当番という義務でするのではなく、本当に生き物をいとおしいと思って世話をするのが望ましいであろう。

　子どもたちは、友だちとの遊びのなかで喜怒哀楽を味わい、さまざまな価値と出会い、友だちと力を合わせてトラブルを乗り越えていく喜びと自信という感情体験をする。これらのことをふまえて園生活を考え、5歳児の特性、実態を把握することで自然に流れるように工夫することができる。生活の流れを大きくとらえた上で見通しをもって計画を立てる必要がある。

遊びの種類	9月	10月	11月	12月
(戸外) 固定遊具 ブランコ・グローブジャングル 吊橋・鉄棒・うんてい 他	○うんてい			☆☆☆
一輪車		・今までしたことのなかった幼児、特に男児が乗り始める。	☆	
綱引き		・負けたチームが人数を調整しようと動き出す。一人多いときは番判員を作る。 ☆☆ ・チームを作って戦う。最後の一人になったときは一騎打ちをする。勝敗にこだわっているのがうかがえる。		
風船割り(ヒモのついた風船を足に付け、足で割る競技)		○ ☆☆☆ ・チームを組み、サッカーに詳しい幼児が番判する。		
サッカー			☆☆	
リレー		・チーム対抗で盛り上がる。終わりのないリレーが続く。その後、ルールのより複雑なドッジボールやサッカーに移行していく。	☆☆☆	
ドッジボール			○ ・友達と長縄をたらべっこを歌いながらしたり、短い縄でしっぽとりをしたりする。	☆☆☆
縄遊び(長縄の縄)		○	☆☆☆	
砂場遊び		・室内で人形を使ってままごとをしていた幼児がいるばかりか、自然物(どんぐり、まつぼっくり、籾穀等)を利用する。		
(室内) ままごと		○ ・仲の良い女児2人がたくさんの会話をしながら遊ぶことをする。2人遊びのままだったのか、戸外で数人の幼児とレストランごっこを始める。	☆☆☆	
編み物 (指を使って編む)		・編めるようになった幼児が次々に友達に教えていく。自分のものの繋がるマフラーを編む幼児もいる。(3学期の初めにブニョブニョのおすじんのルネずみのしっぽになる)		
紙すき (牛乳パックで)		○コスモスの花がら・つゆ草・木の実等を入れ試みる。	☆	・はがきを作り年賀状にする。
おたまじゃくしの101ちゃんの製作		○材料集めをする ☆☆☆ ○ザリガニ・タガメ・メダカ・ゲンゴロウ・アメンボの家 ○アメンボの家・ドンボの家 ・101ちゃんが隠れる石ころを作る。 ・おたまじゃくしの面(101個)作る ○おたまじゃくしのしっぽ(三つ編み)、ザリガニのしっぽはさみ等 ・劇遊びをする。(数人で) ・おたまじゃくしの面が4人ほしかなかったので、製作物を工夫する。製作物を見て、次々に集まってきてクラス全体の活動になっていく。		
ジャンボ絵本 「おたまじゃくしの101ちゃん」			☆☆☆ ・男児の仲良しグループが相談しながら劇を作り始める。そばで見ていた幼児も描き始め、できたところまで友達に見せる。	☆☆☆
ベープサート 「三枚のおふだ」			・「白雪姫」を見て、他児が「じゃあ、私たちはおやゆび姫をしよう」と作り出す。	
OHP「白雪姫」			☆☆☆	
劇遊び「おやゆび姫」 「桃太郎」			・劇遊びをしてから、必要な道具を作り始める。	☆☆☆ ・登場人物(登場回り・剣・宝物・吉備団子等々) ・劇遊びの後、私たちはおやゆび姫の旗を初めのからから入れ、手慣れた感じながる。 ・効果音を工夫する。 ・必要な道具を気付き、また行動に移す。 ・男児5・6人が登場するなり劇を繰り返しする。
料理ごっこ		・自分たちで計画を立てる。		

継続したもの ——— 途切れながらしたもの……… ☆＝ピーク

図5-1 遊びの種類と内容 (1995. 9～12月)

(H県M市J幼稚園)

2 共同体としての遊び

友だちとの人間関係が深まってくると、子どもたちは「共同体」としての遊びを好むようになる。1人よりも友だちと遊ぶことも楽しいという経験ができるように保育計画も立てる。友だちとのやりとりや遊びを共有する、共感し合う、気持ちを分かち合う仲間がいることは、子どもの生活を豊かにしていく。共同体としての遊びが楽しいということを経験していなければ、自ら共同体をつくろうとはしないであろう。そして、その共同体の一員となるために、子どもが意思表示をしたり、我慢をしたり、工夫をしたりする。

（1）仲間入りのタイミングをうかがう

共同体にすぐに入れる子どももいれば、遊びに関心はあるがすんなり入れない子どももいる。

事例2　「しっぽとり（短縄）」（10月）

男女10人が園庭に集まってしっぽとりをする。ドッジボールのコートを利用して、そのなかで2チームに分かれてしっぽの取り合いを始める。A児は、しっぽとりの用意をしているが参加せずに、築山から他児が遊んでいる様子を見ている。しっぽとりに参加していたB児が自分のしっぽを踏んだために取れてしまう。すると、A児は外側のラインのところまで来て、「Bちゃん、取れてんで。自滅や。」と独り言をいう。その後、A児は中央ライン上を歩きながら、C児に、「C君、負けるなよ。」と声をかける。このA児の後ろをD児が「ガオー」といいながらコート内を追い掛け回す。A児はしっぽとりをしている様子を見ながら走り回る。すると、D児が「A君、する？」と声をかけたが、「ううん」と返事をした後で、E児が「しっぽとりしよう。」と誘うと、走って縄を取りに行く。走っていく後ろ姿には喜びがあれていた。

（H県M市K幼稚園）

A児がしっぽとりに関心があるというのが、B児の動きをよく見ていることやC児に声をかけたことでわかる。築山から降りてきてライン上を歩く、コート内を走るという行為の変化から遊びに入りたい気持ちが強くなってきている

ことが推察される。A児がしっぽとりに入るタイミングをうかがっていたのではないかと考える。後一歩というときに，友だちが誘ってくれ，仲間に入ることができたのである。

（2）共同体のなかでの感情体験

共同体のなかでは，さまざまな感情体験をする。それはプラスのものばかりでなく，マイナスのものもある。

事例3　「好きな遊び——リレー」（5月）

- 好きな遊びのときにリレーをしたい子がいる。チームを組もうと，友だちを誘う。誘われた子どもは自分のしたいことがあっても我慢して参加する。その誘いが何度もあると，誘われた子は自分のしている遊びがあるので，誘いを断る。そうなると人が集まらなくてリレーを諦めてしまう。「誘ったのに来てくれへん」と挫折感を味わう。
- 入りたくても入れない子どもを励まし，しっかり走ったことを認めていくうちに，走る喜びを知っていく。リレーがあると聞くとすぐに鉢巻をして始まるのを待っている。ところがバトンをもらいたくても手が出ない。
- リレーのチームを作るときに，来るのが遅いと思われているA児がチームに入れてもらえない。言葉や態度に出して拒否しているのではないが，明らかに「同じチームに入れたくない，入れたら負けてしまう。」という雰囲気を感じることがある。

（H県M市K幼稚園）

事例3には，さまざまな感情体験が含まれている。まず，自分のしたい遊びが，いいたくてもいえないという心の葛藤と，誘いを断られたという挫折感を味わったことである。この場合は，互いの気持ちをいう場を与え，分かり合えるようにすることで解決につながる。遊びに参加したくても，バトンをもらうタイミングがつかめない子どもには，保育者が手を添えて，バトンをもらうように仕向けたり，ほかの子どもに気づかせたりしていくうちに，自分から手を伸ばすようになっていく。難しいのは，走るのが遅いために，仲間に入れてもらえない子どもへの対処の仕方である。5歳児になると勝敗にこだわることが遊びへの意欲を高めていくことにつながる。このような事例は，意欲が高まっ

てきたときに生じやすい。A児は，この後，毎日のように走るようになる。単に走ることが好きというのではなく，リレーをしている仲間に入りたくて練習をしていたともとれる。共同体に入るには，「入れて」「いいよ」といった簡単なものではなく，厳しいものであることが事例から読み取れる。厳しいものであるからこそ，自らの力で共同体の一員になることは子どもをたくましくする。

事例4 「綱引き」（5月）

　長さ10mの太目のロープを園庭に出しておくと，仲のよい友だちで力の強い子どもを集めてチームを組み，綱引きを始めようとする。力の弱い子どもや運動の苦手な子を入れようとしない。ほかの子どもはチームの人数に差があることに気づいてはいるがいえない状態である。保育者が気がついたことや思ったことをいうように励ましても，なかなかいえないし，いっても弱く，かき消されてしまうことが多い。ところがこの綱引きをするたびに，力の弱いチームの子どもが互いに協調し合うようになる。負けても，それまでのような負け方ではなく，粘るようになってくる。そして，とうとうこの弱かったチームが勝つようになっていく。合図と同時に気持ちが一つになって引くため，少々引っ張られても気持ちが合っているので引きずられない。いつも勝っていたチームはまさかと思い，何度も挑戦してくるが，何回やっても結果は同じである。このことをきっかけに弱かったチームのメンバーは自信をもち，だんだん積極的になっていった。そして，人数差についても強く意見をいい，みんなが考えるようになっていった。どちらも同じ人数にするには，一人多いことがある。すると，審判役の子どもが登場し，笛を吹くことになった。

（H県M市J幼稚園）

　事例4の場合，保育者が出て子どもに話をするのは解決には近づくし，保育者が勝ち負けにこだわって，チームの力関係を均等にすることもできる。しかし，それでは子どもの力にならない。弱い方のチームは本音がいえないまま終わってしまう。強い子どものいいなりになっているようでは真の共同体とはいえないであろう。弱いチームが気持ちを一つにして相手に挑んでいくのは，負けばかりで悔しいという感情体験からきているといえよう。

(3) 遊びを楽しくするためにルールや決まりを作る

　ルールには，遊びを知っている子どもから伝達されるものや面白くするため

に子どもが考えるもの，必要に迫られて生まれるものなどがある。それらのルールは大人の考えるものとは異なることがある。

事例5　「劇表現　じごくのそうべえ」（2月）

　子どもたちは熱湯の釜の場面が好きである。ここで山伏のふっかいがまじないをかけることにより，熱湯地獄が温泉のようないい湯になるのである。ある日，鬼が薪をくべて熱湯にしても，ふっかいを演じる子どもがそのつど，まじないを行い，いい湯にしていた。この繰り返しであった。そうべえたちは一列に並んで背中を流し合ったり，泳いでみたり，それぞれが口々に「あ～ええ　ゆ（湯）やわぁ～。わて，おなら出てきたからくそう～て。」と温泉気分をたっぷり味わっていた。すると一人の鬼の役のA児が「もう，釜の栓抜いたで。」といって，さっさと釜の道具を片付け，温泉に入っていた子どもたちを追い出して，次の場面に移っていった。
（H県M市K幼稚園）

事例6　「ドッジボールでの反則の意味」（10月）

　ボールに当たっているのに外に出ないA児がいる。「反則だ。」と周りの子どもたちに何度も抗議されるがきかない。A児に反則を認めさせようとイエローカード，レッドカードを作って反則の意味を認めさせようとする子どもがいる。しかし，当てられても外にでないので一向に勝負がつかない。そこでこのことについて話し合う場をもつ。A児は「反則」の意味がよく理解できていないのではないか。話し合いの場をもち，保育者が「ボールが当たったかどうかわかっている？」と尋ねたら，「ボールをよく見ているときはわかるけど，見ていないときは土についてから当たったのかもしれへんし，わからへんときがある。」だから，当てられても出ないことがあるのだということがわかった。
（H県M市K幼稚園）

　事例5の話し合いのときに，「釜の栓を抜いて，悪いわ」「せっかく温泉に入っとったのに」と栓を抜いたA児に対してみんなから文句が出た。保育者が尋ねるとA児は「あそこばっかりしてたら，先に進まへん」といい，どうにかして場面を進めようと考えたのである。すると他児が「まじないを何回するかきめたらいい」といい，相談の結果，2回に決まった。このように必要に迫られて決まりが生まれることがある。

　事例6の場合は，A児がルールをわかっているものと思い込んだ結果，A児

のしていることが，ルール違反ととらえられたのである。ルール違反をすると面白くない。そのために周りの子どもがA児に意見をいったのであるが，A児は反則をしているつもりがないので周りの子どものいっていることが通じなかったのである。この話し合いがなされるまで，A児は「反則ばかりする嫌な子」というイメージが子どものなかにあった。A児の行動を多面的にとらえることが子ども理解につながるであろう。

　共同体としての遊びを成立させるためには，まず，みんなで遊ぶことが楽しいという経験が必要である。そうすると1人の遊びが学級全体の遊びへと発展する。子どもたちが一緒にいると共同体として遊んでいるように解釈をしてしまいがちになるが，大切なのは共同体の質である。その質を高めるためにも，楽しいというプラス面だけに目を向けるのではなく，マイナス面を生かすことが大切である。子ども同士の人間関係を深めていくことも必要である。力の強い者が弱い者を押さえつけて遊びを成立させようとしても，楽しいものでもなく，継続したものにはなっていかない。共同体に参加している一人ひとりが自分の考えをもち，主体的に遊びに参加することが質を高めることになる。主体的に遊ぼうとするところに創意工夫が見られる。

　保育者は，共同体というまとまりで子どもを見るのではなく，個々の子どもを注意深く観察する必要がある。子どもにとって共同体が居心地の良いものであるか，主体的に遊びに参加しているのかを見きわめることが大切である。そして個々の子どもに合った援助を行うようにしなければならない。話し合いの場をもったり，温かく見守ったり，自分で遊びに参加できないであろうと思われる子どもには，手を添え，後押しが必要になってくる。挫折を経験した子どもには，抱きしめて心を癒し，共同体に戻っていける配慮も必要であろう。

3　小学校との連携

(1) 幼小連携の必要性

　小学校入学を控えた5歳児は，3学期頃になると小学校生活への期待と憧れ

を抱く一方で，未知なる世界への不安感を抱いている。小学校に入学して間もない子どもたちの家庭での様子をアンケート調査した結果（兵庫教育大学附属小，2002），その大半が戸惑いやストレスを感じ，体調不良や精神的な不安定さが表れたと回答した。その原因は，新しい先生や友だち，通学方法，下校時間などの生活のリズムや環境の変化によるところが多いことがわかった。

　このことについては，2000年の「幼稚園教育要領」，第3章「小学校との連携」のなかにも，「幼稚園においては，幼稚園教育が，小学校以降の生活や学習の基盤の育成につながることに配慮し，幼児期にふさわしい生活を通して，創造的な思考や主体的な生活態度などの基礎を培うようにすること」と示されている。また小学校においても，1998年の改訂「学習指導要領」ので，幼小連携を見据えた低学年教育課程再編の動きのなかで新設された「生活科」において，「児童が身近な人や社会，自然と直接かかわる活動や体験を一層重視し，こうした活動や体験のなかで生まれる知的な気付きを大切にする指導が行われている」と，その特徴がさらに明確に打ち出されている。

（2）望ましい交流

　交流を進めるには，幼児・児童ともに互恵性のある交流であることが望ましい。そのためには活動内容は，幼稚園側，小学校側のどちらか一方に片寄ってしまうのではなく，互いの生活，学習のなかからヒントを得た活動を計画していく必要がある。幼児が今何に興味や関心をもっているのか，そしてそこに小学生が加わることにより，活動がどのように展開されるのかを検討していく必要がある。そのためには，教師が互いの幼児や児童の実態を把握し，常に情報を交換しておくことが前提であろう。つまり，教師同士の連携が重要なポイントとなる。

　では，実際にどのような交流が，小学校入学への子どもたちの不安感の払拭や期待感につながっていくのだろうか。5歳児と1年生を対象にした実際の交流の概要を次に示す。

第5章　5歳児の園生活と保育内容

> **事例7　幼稚園の遊びと小学校の生活科をドッキングさせた交流事例**
>
> ・活動名：「わーい，秋いっぱい」
> ・ねらい（幼稚園）：小学生と一緒に秋の自然物を使って遊ぶ楽しさを味わう。
> 　　　　　　　　　小学生に自分の思いや考えを伝えながら楽しく遊ぶ。
> ・活動の設定理由：幼児の生活に密着しており，興味ある活動である。児童にとっ
> 　　　　　　　　ては，既に学んでいる活動であるため，これまでの学習の成果
> 　　　　　　　　を発揮できる活動である。
> ・活動時期：10月初旬～11月下旬（4回）
> ・活動場所：幼稚園遊戯室，小学校教室，校外
> ・活動内容：①小学生が収穫，作成した秋の自然物を使った作品を見る。
> 　　　　　　②小学生と一緒に秋の自然物を探しに出掛ける。
> 　　　　　　③小学校の先生の授業を受ける。
> 　　　　　　④自分たちの作った作品を小学生に見せる。それを使って一緒に遊ぶ。
>
> 　　　　　　　　　　　　　　　　　　　　　（H県K市F幼稚園，小学校）

活動の成果と課題　幼児は，児童が秋の自然物を使ってつくった作品を見て，「おもしろそうだな」「自分もつくってみたいな」「これなら僕もできそう」と，自然物に興味をもつきっかけになったり，活動への刺激を受けたりした。他方，児童にとっては，すでに学習していることを，幼児に伝えたり共に活動することにより，幼児に頼られている自分に気付き，自己有用感，自己肯定感を味わうことができたのである。また，幼児とともに活動することにより，幼児が予想以上にしっかりしていたり，考える力をもっていたりすることを素直に認める一方で，今度は幼児に負けられないという意識の高まりや，よりハイレベルなものを作り出そうと挑戦し，自分のもっている力を発揮しようとする姿も見られた。そのような児童を，幼児は頼れるお兄ちゃんお姉ちゃんと親しみ，信頼できる相手として認識していった。交流会の回を重ねることで，互いに名前を呼び合う関係にはなったもののまだまだぎこちない。それは小学生はお世話をしている，幼児は小学生にお世話になっている関係という感が拭えなかったからである。その要因として，交流の内容が，授業という枠組みのなかにはめ込まれているからだろうと考えた。

> **事例8　幼稚園児のお弁当と小学校児童の給食交流の事例**
>
> ・活動名：「弁当，給食交流及び自由な遊び交流」
> ・活動のねらい（幼稚園）：生活の一部である「食すること」を通して，互いが身近な存在になり，共に活動する楽しさを味わう。
> ・活動の設定理由：授業の枠組みにとらわれるのではなく，生活の一部を共に経験することにより，互いに負担のないより自然な形での交流を目指す。
> ・活動時期：11月下旬〜翌年2月中旬（4回）
> ・活動場所：小学校教室及び校庭
> ・活動内容：昼食を一緒にとり，その後好きな遊びをする。
>
> 　　　　　　　　　　　　　　　　　　（H県K市F幼稚園，小学校）

活動の成果　「食する」という活動は，幼児・児童にとって幼稚園・学校生活のなかの一部である。幼児が弁当をもって小学校の給食時に出掛け，共に食べることにより，和気あいあいの雰囲気が生じ，幼児，児童双方の緊張感が薄れ，互いの距離が近づくのが目に見えて伝わってきた。また，幼児や児童が自由に選び取った活動のなかでは，互いに独楽を廻す時間を競い合ったり，竹馬で競走をしたり，時には一輪車乗りの技を競い合ったりするなど，遊びそのものがダイナミックになると同時に，互いの親密さが増していった。児童は，「食する」という教科学習の枠にとらわれない昼食時間やその後の休憩時間を利用した交流のなかで，幼児との遊びを通して，心が和んだり，次なる遊びに挑戦したりと，新たな自分らしさを発揮している。さらには，交流の回数を重ねるなかで，幼稚園児とのかかわり方に自信をもったり，次も遊びを教えてあげたい気持ちになったりと，意識の高まりが感じられるようになった。

　このように日常的な交流のなかで，互いの関係性がより親密な存在になったように感じられた。この経験は，幼児が目前に控えている小学校入学への不安感を和らげ，期待感を膨らませることにつながっていることを実感した。

第 5 章　5 歳児の園生活と保育内容

> **事例 9　幼稚園の遊びと小学校の生活科をドッキングさせた交流事例**
>
> ・活動名：「凧作り，凧揚げ交流」
> ・活動のねらい：ペアの 1 年生と一緒に凧作りや凧揚げを楽しむ。
> ・活動の設定理由：互いの関係性が深まった時点で，更に互いのよさが発揮できる
> 　　　　　　　　活動，互いが協力し合える活動を取り入れる。
> ・活動時期：1 月～2 月下旬（5 回）
> ・活動場所：幼稚園遊戯室及び園庭，小学校教室及び運動場
> ・活動内容：①凧を作る（型どり，型切り，描画，糸付け）。
> 　　　　　　②凧を作る　凧を揚げる（描画～凧揚げ）。
> 　　　　　　③凧を揚げる（しっぽを付けたり，補修を繰り返したりする）。
> 　　　　　　④凧を揚げる（ペアと一緒に揚げる。修理をする）。
>
> 　　　　　　　　　　　　　　　　　　　　　（H 県 K 市 F 幼稚園，小学校）

活動の成果　凧作りをする時点でこれまでの交流を通して，幼児と児童は，互いに遠慮なく自分の思いを出し合える関係に近づいていた。凧作りは幼稚園の遊戯室で行ったため，幼児は材料や用具を自分たちで揃えた。共同作業では，幼児が凧の型取りの際に型紙を押さえる役になったり，模様を児童と頭を付き合わせて描いたりするなど，自分の思いを出しながら参加していた。児童は，すでに凧作りを経験していたため，作成の手順や方法を幼児とともに分担しながら行うことができた。これまでの交流活動の経験から幼児が予想以上に技術的にも能力的にもいろいろなことができることを知っていたため，役割分担をしながらともに作る姿が見られたのである。

　この凧作りを通して児童は，幼児と一緒につくりたい，幼児を喜ばせたい，幼児に会うのが楽しみであるといった気持ちを素直に表現していた。さらには，製作過程では，早く完成させたい，高く揚げたい，壊れないものをつくりたいというように創作意欲の高まりが見られるようになった。

（3）交流の成果

　交流の成果として，幼児にとっては，児童との交流を通して活動が広がるよい刺激になったこと，そして，小学校生活に対する安心感と期待感をもつこと

ができたことがあげられる。他方，児童にとっては，幼児との交流を通して年下の子どもに対する思いやりの気持ちをもって接するようになったことや，幼児に必要とされている自分自身に気付き，よりよい自分らしさを発揮したり，自己を磨く姿が見られるようになったことが報告されている。幼稚園や小学校の教師にとっても，互いの教育や子どもの実態を知るきっかけとなり，互いの理解が深まったり，自らの保育や授業を見直す手がかりになり，より柔軟な対応ができるようになったりするなど，教師意識の変革が見られ，教師自身が育つ場にもなったことも大きな成果である。

今後とも小学校入学を控えた幼児たちが，小学校生活に期待し憧れ，幼稚園から小学校への段差を少々頑張れば乗り越えられるような手助けとなるような幼小間の連携を続けていきたいものである。交流相手は1年生に限らず，活動内容，ねらいに応じて小学校の他学年も含めた大きな枠のなかでの交流も考えられよう。幼小連携教育を進めることが，保護者の不安解消にもつながることから，より積極的な取り組みを行いたいものである。

学習課題

○ドッジボールやサッカーでボールの取り合いが生じたとき，どのような援助をすればよいか話し合ってみよう。
○季節の変化や自然現象，自然の変化について考え，それらをどのように保育に生かせばよいか話し合ってみよう。
○お店屋ごっこの看板やお金，郵便ごっこなど，文字を覚えたいという欲求も高まってくる。文字や数への関心を高めるような遊びを考えてみよう。
○プール遊びが始まると水を嫌がる子どももいます。水への不安を解消する遊びについて考えてみよう。
○自分が幼児期に経験した楽しかった遊びから，保育者として子どもに伝えたい遊びをあげてみよう。
○幼小連携をすすめるにあたって，大切な事は何かまとめよう。

参考文献

倉橋惣三『幼稚園真諦』フレーベル館，1976年。

三木市立自由が丘東幼稚園「仲間と共に育む自分らしさの表現」『幼稚園教育紀要』，1997年。

室谷敦子「幼児の創造性を引き出す劇表現の研究」兵庫教育大学大学院学校教育研究科，2006年，修士論文。

（室谷　敦子・岸本　美保子）

第6章 特別支援としての保育内容

　特別支援教育とは，子どもの視点に立って，障碍のある子ども一人ひとりの特別なニーズを適切に把握し，必要な支援を行っていこうとする考え方である。子どもたちが「ともに生き，ともに育つ」集団生活で，互いのもてる力を高め，生活や学習上の困難を改善・克服するために，施設・設備，カリキュラムなどの充実が求められている。
　本章では，特別支援教育の基本的な考え方を理解し，障碍のある子どもの幸せと健やかな育ちにつながる「統合保育」の視点を，特別支援の保育内容のあり方（第1節），特別支援の保育内容の実際（第2節），特別支援の保育内容の課題（第3節）から探ることにする。

1　特別支援の保育内容のあり方

（1）特殊教育から特別支援教育へ

　近年，子どもの健康上の問題は，医療技術の進歩や社会・生活環境の変化にともなって，重度・重複の慢性的な健康問題から，療育の対象とはならない軽度の健康問題や，健康な子どもに連続する発達上の個人差にまで拡大している。また，小児人口が減少するなか，こうした多岐にわたる健康問題のある子どもは増加傾向にある。
　2004（平成16）年1月に国連・子どもの権利委員会によって日本政府第2回報告審査が行われ，懸念と勧告が出されている。そのなかでわが国の精神的障

碍を含む障碍のある子どもが，本条約によって保障された権利の享受に当たって不利な立場に置かれていること，教育制度およびその他の余暇または文化的活動に全面的に統合されていないことが強く指摘されている。

　このような社会背景とノーマライゼーションの原理に基づき，健康問題のある子どもの人格と権利を尊重・保障し，教育と保健・医療・福祉の連携によって，乳幼児期から一人ひとりの生き方を支える支援が求められている。

　わが国で健康問題のある子どもの教育については，2000（平成12）年「地方分権一括法」，2001（平成13）年には盲・聾・養護学校という従来の障碍種別や重症度による「特殊教育」の枠組みから「特別支援教育」へと，各居住地域や各学校の自主性・自律性を確立し，子どもたちの生活状況や教育的ニーズ，保護者のニーズに応じた創意工夫のある教育活動への期待が高まっている。

（2）障碍児保育から統合保育へ

　わが国では，厚生省の1974（昭和49）年通達「障害児保育対策事業実施要綱」以来，統合保育が実施されている。しかし四半世紀が経過した現在，実施状況は，地域格差が大きいうえ，全国保育所の約30％にとどまる。その背景には，施設設備・保育定数・障碍児保育に関する知識や技術などの不備や不足を主な理由に，子どもの病気や障碍の種別や程度によって入所制限を設けている現状がある。

　わが国の統合保育の多くはメインストリーミングという，教育としては健康問題のある子どもとない子どもの統合の方向性を示しつつも，健康問題の種別や症度による保育ニーズによって最少制約環境下での分離保育をするものである。

　このような状況下で今日問われているのは，「子どもの最善の利益の保障」と「発達保障」である。子どもは，地域生活者として「あたりまえの生活」を営む権利を有している。しかし，健康問題のある子どもの地域生活やその援助に当たっては，病気や障碍の理解を前提として「あるがままの子ども」の理解には至らず，できること以上にできないことが注視される。健康問題のある子

どもは，集団のなかで「保護と哀れみ」の対象に位置づけられ，役割や責任から逸脱し，基本的生活習慣の獲得が医学的治療訓練の視点にとどまる傾向にある。

　健康問題のある・なしにかかわらず，子どもたちの生活上のニーズは，仲間との交わりのなかで，生活を創造的に生成することに他ならない。子どもの生活上のニーズに違いはなく，ただニーズを満たす手段やプロセス，あるいは特定の生活場面や状況下での教育的ニーズが異なるに過ぎない。

　保育者は，子どもの生活場面から的確に教育的ニーズをとらえ，必要とされる教育的支援は何か，集団生活と教育活動に適した場所はどこかを，生活と教育の主体である子どもの同意のもとに選択・決定をしていく必要がある。

　今後は，分離教育の意義と過程を選択肢の一つとしつつも，今までに蓄積された教育的技能を日常生活技能と結びつける必要がある。子どもたちが「ともに生き，ともに育つ」ための時間と空間の選択を保障し生活内容を充実することで，インクルージョンという概念の統合保育実践の基盤になっていく。

（3）子どもたちの潜在的な力を引き出し高める統合保育へ

　わが国では，1993（平成5）年に「心身障害者対策基本法」を「障害者基本法」に改正し，2000（平成12）年に「健やか親子21」を策定し，2003（平成15）年に「次世代育成支援対策推進法」の成立と国民行動計画を策定し，2005（平成17）年には「発達障害者支援法」を施行した。このような諸施策を背景に，健康問題のある子どもの自立と社会参加に資するよう生活全般にわたる支援を図り，福祉の増進に寄与する取り組みがされている。

　乳幼児期の健康問題は，早期診断・早期対処の難しさがある。そして，子どもの発達過程では教育的ニーズが多様に変化するため，行政区を越えた多機関・他職種間の連携や継続的なかかわりは難しい。教育課程においても難しさがある。それは，健康問題のある子どもの笑顔が少ない，欠席日数が多い，集団活動を途中で中止したり興奮した行動をとる，あるいは音や気温といった刺激に対して敏感なからだであったり，安全・安楽な姿勢や体位にも個別の特徴

が著しい，などである。

　健康問題のある子どもの生活では，治療訓練過程と生活過程をつなぎ合わさなければ，「人生を生きること」の手段を目的に変えてしまうことになる。たとえば，関節可動域訓練で関節可動域を広げることは，広がったことに意味があるのではない。関節可動域の広がりは，「開放的なからだの使用」を可能にし，子どもにとっては遊び道具の操作性が高まり，そのことで仲間との相互作用が増えて豊かな遊びを創り出す。そこから，子ども自身による意味が生まれるのである。また，治療者と患者の関係で行われる訓練は，ありのままのからだを否定する視点がある。その一方で，集団生活における仲間関係では，たとえば「生活発表会」で役柄を演じたり，音を奏でることで，仲間と楽しい思いを共有しつつ，ありのままのからだに対する肯定的な注視を経験することができる。このように，治療・訓練という手段によって得られた技能は，日常生活でこそ豊かな意味を生み出す。

　統合保育の意義は，健康問題のある・なしにかかわらず，自分とは違う仲間との交わりに，潜在的な力を引き出し合うことにある。特に健康問題のある子どもにとっては，仲間との楽しい交わりのなかから厳しい治療や訓練に対する希望や目的・意志を育むことにもつながる。

2　特別支援の保育内容の実際

（1）障碍児理解の方法

　障碍のある子どもへの対応は，子どもの障碍の種類，程度およびそれらの特性に配慮しつつ，障碍に対する正しい理解を深める対応が求められる。特別支援保育を必要とする子どもの幼稚園・保育所における対応として次の3点が考えられる。

① 医学的アプローチ

　医学的診断に基づいた働きかけをする。つまり，障碍のある子とない子を分離して，障碍の種類別に治療や訓練を行う。

表6-1　障碍のある子どもの諸相

諸　相	呼び方	理解する側の目	かかわり方
①障碍児	高機能自閉症児（例）	医学の目	治療，訓練
②発達段階のある子ども	2歳の発達段階の子ども（例）	発達心理学の目	発達促進
③この子	A児（例）	保育者の目	保育・教育，ともに生きる

② 発達的アプローチ

　情緒的・社会的にどのように発達していくか発達心理学の研究成果が適応される。たとえば，5歳児であるが，3歳児の段階であるので，どうした発達の促進をすればよいかを考える。

③ 教育的アプローチ

　固有名詞の1人の子どもとしてみる。つまり目の前の子どもの手だてをしていく。

　これらのことから，障碍のある子どもの諸相として**表6-1**に分類できる。

　医学的アプローチや発達的アプローチは，障碍児の認識方法を了解して必要な場合もある。しかし，日々，子どもと生活をつくっている幼稚園・保育所における障碍のある子どもの保育内容のあり方は，障碍のある子どもの行動からその行動の意味を汲み取ることが求められる。世界で1人しかいない障碍のある子どものニーズを理解する教育学的配慮とされる教育的アプローチの個別的な配慮が望まれる。すなわち，困難や障碍は障碍のある子どもの問題ではなく，これまでの教育・保育の方法，カリキュラム，教育観がとるべき課題であると考えられる。

（2）高機能自閉症児の保育内容

つばめの絵を通して　高機能自閉症（①他人との社会的関係形成の困難，②言葉の発達の遅れ，③興味や関心が狭く特定のものにこだわることなどを特徴とする行動の障碍）のA児（5歳男児）は，小動物が好きで，保育室の前にあるチャボ小屋の前で自分もチャボになったようにまねて遊

第6章　特別支援としての保育内容

> **事例1　つばめの絵**
>
> 　登園順につばめの絵を描く。黄，茶色等他の色に黒色が混ざるとポスターカラーが濁るので，保育者は，いつも色を混ぜてしまうA児の描く順番を最後にした。①
> 　障碍のない子どもたちがつばめの絵を描き終わってからA児に画用紙を渡した。いつも保育者の話を聞かないA児はつばめの絵も描けないと思った。保育者は障碍のない子どもが絵を描くときはつばめの絵について助言したが，A児が描くときは助言をしないでA児のそばで描き終わるのを待った。②
> 　しかし，保育者の思い込みと反対にA児は，クラスの誰よりもつばめの気持ちになって，のびのびと羽を伸ばして空を飛び，餌をくわえたつばめを描いた。
> 　年中組から一緒のクラスのOさんは「A児，上手になったね」「色も良くわかってきたね」③と話しかけてきた。
> 　保育者はクラス全員の子どもたちを集め，A児の絵を見せた。「A児のつばめの絵を見てごらん。お空いっぱいに，元気にとんでいるつばめを描いているね」と話すと，部屋のあちらこちらから「A児すごい，うまいな」と声がわき，拍手がわきおこった。A児は，はずかしそうにニヤァと笑った。そして，A児自身も拍手をした。その姿を見た友だちが「先生，A児，自分で拍手しているよ」といった。するとA児は「A児，自分で拍手しているよ」と確認するようにおうむ返しでいった。温かい雰囲気がクラスを包んだ。
> 　　　　　　　　　　　　　　　　　　　　　　　　（H県K市S幼稚園）

ぶ。汽車の絵を描くのが好きである。ピョンピョンと動き回り多動である。友だちとのかかわりもなく1人で遊ぶことが多い。ほとんど会話はできないが，保育者が「おはよう」というと，「オ，ハヨウ」とぎこちない言葉で挨拶をする。

　事例1の①②③の箇所は，保育者の行動と思いである。それぞれについて述べる。

　①は，日常の幼稚園生活において，いつも走り回り，保育者の話を聞いていないと思い込み，A児の描きたいという欲求を受け入れないで，A児の絵を描く順番を最後にした。

　②は，「A児の絵には気にもとめていなかった」については，A児に対して期待していないので助言をしなかった。なぜ，期待しなかったのか。それは，

いつも汽車の絵ばかり描いているので、つばめの絵について助言をしてもＡ児にはそのことを受けとめる力がないと思っていた。つまり、Ａ児が障碍をもっているという枠組みで受けとめていたからである。結果として、障碍のない子どもたちのそばについて助言していたが、子どもの描き上げる絵を見守ることが、子どもが自由に表現できるということを、Ａ児のつばめの絵によって気づかされたといえる。

　③は、保育者はＡ児に障碍があるからできないという枠組みをもってみていた。障碍のない子どもたちは「Ａ児、上手になったね」「色も良くわかってきたね」と言葉でわかるように、Ａ児の良さを素直に認めていた。つまり、クラスの子どもたちは障碍のあるＡ児としてではなく、自分たちの仲間としてありのままに受けとめる力をもっていた。

　このように、保育者自身の枠組みで障碍のある子どもだからという思いでかかわったとき、Ａ児は日常生活で何もできない子だから、絵も描けない子と思い込み、Ａ児の描きたいという思いから離れた。しかし、生き物が好きなＡ児はつばめを心のなかに深くとりいれていたのである。

　Ａ児のつばめの絵には系統性があった。チャボといつも一人遊んでいるのは、Ａ児にはチャボのように早く飛びたいという願いがあった。そして、いつも描いている汽車の絵は早く目的地につきたいという願いがあった。そうした思いを重ねてつばめを生き生きと絵に描き表すことができたのである。

　保育者はつばめの絵はこうあらねばという思いが先行してしまい、子どもが「やりたい」とか「表現したい」というような要求を確認しないまま、「子どもができるようになった」という単にみえる行動だけを追い、形だけの表現を求めてしまうところがあったといえる。このことによって、保育者はつばめの絵を通してＡ児の内的世界を知ることができたのである。

　まさに、つばめという生きた教材は、障碍がある子にとっても関心や興味をもつことで、生き生きと子どもの「心の中をのぞく窓」になる絵画表現に発展することに気づいた。

（3）場面緘黙児とのかかわり

　家庭では話すが幼稚園の集団の場では話さない場面緘黙児（集団生活において何らかの不適応を示す非社会的行動の一種で，心理的な原因によって口を開かない子どものことをさす）のN児（5歳男児）の保育をとりあげてみよう。言葉だけのコミュニケーションに頼るのではなく，非言語的コミュニケーションを通してのかかわりについて述べる。

N児の生活のみちすじ　N児は，4月当初から部屋の片隅で緘黙の状態で立ったままである。保育者はN児の良いところをみつけて，保護者へ1週間に1回，手紙を書き園での様子を知らせた。そうすることで，N児の生活に変容がみられるようになり，また，友だちとのかかわりが増えていった。そして，遊びに興味がもてるようになった。このようなN児の変化を4期に分けて考察する。

> **事例2　N児の変容過程について**
>
> 第Ⅰ期：4月11日～5月1日
> 〈保育者が保護者に手紙を出し始めるまで〉
> 保育者：保育者が家庭に手紙を出す。保育者の配慮として「あの子は話さない子だ」という固定的な見方がクラスに固着しないようにすることに気をつける。
> N　児：年長組になっても相変わらず緘黙である。保育室では立ったまま無表情な一日を過ごす。しかし，カバンを掛け，靴を靴箱に入れる等の身辺整理は自分一人でもできる。
> 第Ⅱ期：5月2日～7月26日
> 〈保育者が電話口にでたN児の声を初めて聞くまで〉
> 保育者：N児の自宅に電話をかける。N児が「はい，N児です」と返答をした。保育者は初めて，N児の声を聞く。そして，園生活においては，N児が身体で表現しているのを読みとることに視点をおく。
> N　児：竹馬に乗れるようになる。この頃から変化が表れる。リズム遊びにも参加するようになる。参観日では，父親と一緒になってフォークダンスをする。
> 第Ⅲ期：7月27日～11月21日
> 〈N児が小学校で就学前診断の時，自分の名前がいえるまで〉
> 保育者：11月に行われた小学校での就学前の面接で，母親から自分の名前をいうこ

とができたと報告を受け、集団の場でも返事ができることを知る。
　N　児：お弁当前の机拭きやごみ拾いのお手伝いをする。集団遊びはジャンケンの時だけ自分から参加する。運動会のリレーでは友だちと一緒に競いあうこともできる。お弁当の遅い友だちの側について背中をさすったりして励ます。
第Ⅳ期：11月22日〜1月30日
〈保育者とN児、そしてクラスの友だちとのかかわりが十分にできるまで〉
保育者：保育者は言葉を交わさないでN児から、こま回しの遊び方を教わる。
　N　児：こま遊びに興味をもつ。友だちと輪になり、階段やコンクリートの通路と場所を変えてこま遊びを楽しむ。そして、サッカーボールのようにこまを蹴ったりして、曲芸を友だちに披露する。また、言葉はでないが、笑顔はでるようになる。お当番の時は前に出て、口元を動かして「お上がりなさい」の動作の挨拶をする。
　　　　　　　　　　　　　　　　　　　　　　　　　　（H県K市S幼稚園）

　第Ⅰ期では、年長組になったN児は、相変わらず話さない。部屋の隅で立ったままである。保育者はN児へのかかわり方がわからなかったので、「返事をしたら出席ノートを渡してあげる」とか、プリントを手渡す時も交換条件として、「はい」をいうことを条件づけた。返事ができなくてもN児は何らかの形で自分を表現しているのである。しかし、保育者はその意味を探ることができないのでN児が「はい」と返事をすればと、表面に表れているN児の態度でしか、受けとめることができなかった。そこで保育者は手立てとして、生活面の身辺の整理はできているので、園でできているところを保護者に手紙で伝えていこうと思った。

　第Ⅱ期では、保育者が、N児の様子を家庭に手紙で知らせたあくる日は、N児の顔の表情が明るいことに気づくようになった。些細なことでも、保育者が保護者に知らせることによって、保護者のN児を見る目がかわることがわかった。保護者の変容がN児の幼稚園生活に表れてきたといえる。

　去年の年中組の行事の「親子で遊ぼう」の参観で、N児が何もしないので父親は途中で帰ってしまった。今年は、父親は来ないかもしれないと保育者は思っていた。しかし、今年は家族そろって参加しビデオ撮りをしていた。保育者が園でのN児の頑張っている様子を知らせることで、父親にとって今年は一緒

にフォークダンスをしてくれるのではと，期待がもてるようになった。このことから父親がN児を受け入れようとしていることがうかがえる。

　これまでは保育者がN児に「はい」をいわせようという思いがあった。N児が保育者の手伝いを積極的にするようになって，かかわりが深まってくると，N児が身体で表現していることを読みとることができるようになり，N児は「はい」と返事をする代わりに頷いたりしていることが理解できるようになった。さらに，数人の友だちと一緒に竹馬の練習をする機会も増えてきて，言葉が出ないN児であっても障碍のない子どもたちは，N児を受け入れ支えあって練習をしていた。

　第Ⅲ期では，就学前面接で自分の名前がいえたことから，保育者は１学期にN児をなんとか話させようとしたが，保育者の願いが強ければ強いほど，N児は意固地になっていたことに気づいた。保育者は，N児にお話しをさせようという思いから解き放たれた。

　友だちとのかかわりは，お弁当の遅い友だちに自分からそばに行きその子の肩を「トントン」と叩いて励ます。すると，お弁当の遅い子は，もくもくと食べだした。言葉はないが，N児の「時間内に食べようね」という励ましの合図をその子は感じとっていた。そして，N児は友だちとの関係が深まっていった。

　第Ⅳ期では，こま回しの遊びは，保育者も参加してN児から謙虚に教えてもらう。その遊びを見ていたクラスの多くの子どもたちもこま回し遊びをするようになった。そして，こまを回す遊びからこま遊びを変化させていく遊びもできるようになり，N児はこま遊びでクラスの人気者になった。こまを回せない子どもたちはN児にこまの遊び方を教わり，クラス全員でこま遊びを楽しめるようになった。保育者とN児との信頼関係が形成されていくと友だちとの関係もつながり，広がっていくことがわかった。

　また，保育者はいままで「N児，どうして話さないの」という意思確認のような問いが多かった。しかし，一緒になってこま遊びをしていくことでなくなっていった。

　このように，第Ⅰ期から第Ⅳ期の事例からわかったことは，N児は感情が繊

細で，劣等感が強く，不安が強く，自信がないので，自分を抑え込もうとした。そして，言葉だけでなく，人形のようにそこに突っ立ったまま動き自体を封じ込めていた。たとえば，「挨拶」一つにしても，気持ち良い「挨拶」を心からしたくてたまらないのに「場面緘黙」のためにできなかった。まさに，話せるのに話せない事態は，N児にとっては一種の恐怖・不安状態であったといえる。

また，保育者がN児に話をさせることよりもN児に寄り添い，N児が保育者や友だちとこま回し遊びを「楽しいな」「おもしろいな」と快の情動を共有することで，コミュニケーションの場を広げていくことができ，生活をつくりだしていくことにつながっていけたと考えられる。

3 特別支援の保育内容の課題

特別支援教育の在り方に関する調査研究協力者会議によると，特別支援教育とは児童生徒一人ひとりの教育的ニーズを把握して適切な教育的支援を行うものである。教育的支援とは教育機関が教育を行う際に，福祉，医療，労働等のさまざまな関係機関との連携・協力が必要であるからとしている。このようなことを踏まえて，幼稚園，保育園で今後行っていかなければならない課題としては，以下のことが考えられる。

① 特別支援保育の保育者のあり方としての課題

個別の指導支援計画の作成　「保育所保育指針」が2000（平成12）年4月に施行された。障碍のある子どもの保育について，これまでは「個々の子ども」という表現が使われていた。改訂後は「一人一人」の子どもという表現になっている。「一人一人」とは目の前のこの子の発達や障碍の状態を把握し，指導計画のなかで位置づけていくことである。

つまり，障碍のある子の細やかな実態を把握して，保育者の気づきから障碍のある子の，この子のニーズに応じた「個別の指導支援計画」ができるような力量のある保育者の育成が求められることであるといえる。

「個別の指導支援計画」とは，適切な教育的支援を効果的かつ効率的に行う

ために，2004（平成16）年に新たに盛り込まれた特別支援教育推進体制モデル事業で，「個別の教育支援計画」策定検討会の設置をあげている。
② 環境づくりについての課題

環境の構造化のアイディアを取り入れる　園内の環境は，障碍のある子の発達に大きな影響を及ぼす。障碍のある子が獲得している能力を十分に発揮できる活動を誘うための環境があると，発達が最大限実現できるともいえる。そのためにも，障碍の子にとって生活しやすい「場」となるために，障碍のある子のニーズに応じたコーナーや空き部屋の活用など，その子の障碍となっているものを取り除くような物的環境を整えて，障碍のある子どもと共生できるような環境をつくる。
③ 支援体制の課題

保育者の研修機会の保障　「保育所保育指針」の第13章に「保育所における子育て支援及び職員の研修など」があげられている。そこには保育所に求められる質の高い保育や入所児童の多様な保育ニーズへの対応には，保育の幅広い実践的知識，技術の習熟及び施設運営の質を高めることのできる所内研修，派遣研修を体系的，計画的に実施することが求められている。

　研修のあり方としては，次の諸点が配慮されていることが大切である。障碍の多様化の実態に対応して，特別支援保育を必要とする子ども理解の方法の研修回数を多くもつこと。特別支援保育の保育内容の成果や実践事例をまとめて，保育や教育にかかわる保育者が自己研鑽できる機会を保障すること。必要に応じて情報を開示し，障碍のある子の担当保育者だけでなく，全ての教員が特別支援保育に精通できるようにして，職員間の円滑なチームワークをはかること。巡間専門スタッフなどによってつねに相談できる定期巡間体制をつくること。これらの研修によって保育の質を高めていくことになっていく。
④ 社会との連携の課題

社会・家庭とのかかわり　障碍はその子の能力にあるのではなく，社会との関係のなかにあるといえる。地域の行事への参加や交

流保育，体験入所など一時的な統合を促進し地域社会へ受け入れられるような連携強化をはかる。そして，障碍のある子の日々の生活を知る幼稚園・保育所と家庭が，障碍のある子を「ともに育てあう」意識をもち続け，卒園後も社会資源の活用等の力を得られるような支援をしていくことで連携の効果が得られるといえる。

このように特別支援保育の目的は，障碍のある子の幸せと健やかな成長をめざしていることはいうまでもない。この目的を実現するために，以上にあげた①～④の4つの課題の達成をめざして，一人ひとりのニーズにあった施設，設備，カリキュラムの充実を図ることが必要である。ともに育つことができる統合保育の実施機関である幼稚園や保育所を増やすことである。障碍のある「この子」の心を汲み取ることのできる保育者を数多く養成することも，特別支援における保育内容の質的充実につながるといえる。

学習課題

○「統合保育」が，子ども期の成長発達にどのように寄与するか考えてみよう。
○特別支援保育を必要とする子ども・親に対して，今の自分たちならどのようなかかわりができるか話し合ってみよう。
○特別支援保育の現状についてまとめてみよう。

参考文献

安積遊歩「障害児教育を超えて」井上俊・上野千鶴子・大澤真幸他編『こどもと教育の社会学』(現代社会学12)，岩波書店，1996年。

荒川智「『特別支援教育』をめぐる動向と論点」『子ども白書』2004年。

大阪LD（学習障害）親の会「おたふく会」『特別支援教育への提言―保護者からの発言集―アンケート調査報告書』2004年。

小川圭子「生活を基盤とした統合保育のあり方に関する研究――自閉症の子どもとのかかわりをふりかえって」日本保育学会編『日本保育学会第51回大会研究論文集』1998年。

小川圭子「緘黙児とのかかわりに関する研究――生活での変化：N児の場合」兵庫教

育大学幼児教育講座『幼年児童教育研究』第11号，1999年。
佐藤学監修，津守眞・岩崎禎子著者代表『学びとケアで育つ――愛育養護学校の子ども・教師・親』小学館，2005年。
園山繁樹『統合保育の方法論――相互行動的アプローチ』相川書房，1996年。
柘植雅義『学習者の多様なニーズと教育政策　LD・ADHD・高機能自閉症への特別支援教育』勁草書房，2004年。
津守真『シリーズ授業10　障害児教育　発達の壁をこえる』岩波書店，1991年。
豊島律『ノーマライゼーション時代の障害児保育――日本における系譜と展開』川島書店，1998年。
長谷川裕子「場面緘黙児に対する保育サポートの事例分析から」日本保育学会編『日本保育学会第49回大会論文集』1996年。
堀智晴『保育実践研究の方法――障害のある子どもの保育に学ぶ』川島書店，2004年。
堀正嗣『障害児教育のパラダイム転換――統合保育への理論研究』明石書店，1997年。
宮田広義『子育てを支える療育――〈医療モデル〉から〈生活モデル〉への転換を』ぶどう社，2001年。
文部科学省・特別支援教育の在り方に関する調査研究協力者会議『今後の特別支援教育の在り方について（最終報告）』2003年。
文部省・厚生労働省児童家庭局『幼稚園教育要領・保育所保育指針』チャイルド本社，1999年。
菅井邦明監修，渡部信一編『東北大学教育ネットワークによる障害児教育の相談室』ミネルヴァ書房，2000年。

（小川　圭子・森田　恵子）

第7章 園生活から学ぶ生きる力

　子どもが集団生活を通して社会生活に必要な生活態度を身に付け，社会のなかで自分らしく生きる力を育むことは，幼児期の教育の一端を担う幼稚園・保育所において重要な課題である。保育者や同年代の子どもがともに暮らす園生活は，さまざまな人間関係の調節の仕方について体験的な学びを保障する場となる。

　こうした，幼児期における「人とかかわる力」の育成は，子どもの生きる力の素地をなすものである。この章では，園生活を「生活」と「遊び」の2つの視点からとらえ，子どもの生きる力の基礎となる学びの事例をもとに，コミュニケーションのある園生活のあり方を探る。

1　互い生活の秘密

　幼稚園・保育所で生活する子どもが親元から離れ，同年代の友だちと一緒に過ごす園生活には，集団で生活するために必要となるさまざまなきまりがある。子どもは，幼稚園・保育所という協同生活のなかで，互いに助け合い，認め合うことのできる互い生活の楽しさを学んでいく。こうした，園生活における学びのなかに，幼児期に育まれなければならない「生きる力」の基礎を培う秘密がある。園生活における相互関係を，①子どもと保育者，②子どもと子ども，という2つの相互関係の視点から整理することによって，「互い生活」に内在する学びの諸相をつかむことにする。

第 7 章　園生活から学ぶ生きる力

（1）互い生活の基本視座

　子どもが集団のなかで自己を発揮し，友だちと豊かなかかわりをもつには，保育者が集団生活に必要な知識を子どもに教えていく必要がある。保育者が，集団生活から逸脱した子どもの行動を修正したり，きまりを守ることの必要性を繰り返し子どもに伝えるといった積極的な指導を行うことは，集団で生活を営むために必要とされる基本的な生活態度を形成し，子どもの生きる力の基礎を培うものである。

　しかし，園生活は保育者と子どもとの関係だけでなく，子ども同士のかかわりがある。子どもは，友だちとともに生活しながら，時には互いにぶつかり合うことにより，他者の存在に気づく。さらに，友だちの優しい言葉や助けを得て互いに支え合いながら生活することにより，次第に相手を思いやる気持ちをもつようになり，友だちとともに生活する楽しさを感じることができる。

　このように，互い生活のきまりには，「生きる力」の素地となる保育者や年長者から子どもへと伝えられ，生活規範としての要素をもつ学びと，友だち同士の並行的な関係性のなかで，互いに共感し合うなかで生まれる同調的な要素をもつ学びがある。子どもは，園生活を通して，互いに快く生活していくために遵守すべききまりや必要となる生活態度について学び，また，大好きな保育者や友だちとともにある喜びや認められることの嬉しさを知ることにより，自ら集団に所属し互いの生活のなかに適応しようとする意識が芽生える。

（2）**保育者から学ぶ生きる力**

　本来，人間は社会のなかで他者とともに生きていく存在である。したがって，子どもは，社会生活の第一歩である園生活において，良いこと悪いことやきまりの大切さに気づき，集団生活に必要な習慣や態度を身に付けていかなければならない。保育者は，基本的生活習慣の形成やきまりの必要性について，子どもの目を開き，子どもたちの生活に習慣化されるように指導することが必要である。

　しかし，保育者の指導が叱責や命令のような一方的に子どもの行動を抑制し

てしまう方法であれば，たとえ，子どもが保育者の指示通りに動くことができたとしても，子どもに生活習慣に対する必要性やきまりを守ろうとする意識が芽生えることは難しい。ここでは，子どもの自発的行動を誘発する保育者の指導のあり方について，保育のなかの事例をもとに考察することにする。

事例1　「この靴だれの？大切な靴が泣いてるよ」

　3歳児クラスの子どもたちが，園庭で元気に遊んでいる。「みなさんお片づけをしてお部屋に入りましょう」と，保育者の呼びかけで，子どもたちはおもちゃを片づけて保育室へ戻ってきた。しかし，玄関には靴箱に片づけられていない子どもたちの靴が，あちらこちらに散らばっている。保育者は，散乱している子どもたちの靴をみると，悲しげな表情で保育室に入り，「ねえねえ，もも組のお友だち，どうしよう大変だよ」と，子どもたちにそっと語りかける。子どもたちは，保育者のただ事ではない雰囲気を察知し，静かに耳を傾ける。さらに，保育者は，「お部屋に帰ってくる途中にね，『お家がわからないよ』と，迷子になって泣いていた靴さんがいたよ。かわいそうに，みんなの大切な靴さんが，あっちにポイ，こっちにポイってバラバラになって泣いてたよ」と，靴箱の周りの状況を伝える。すると，「あっ，忘れてた」と，慌てて自分の靴を片づけに行く子どもや，「僕，ちょっとみてくる」と，確認に行く子どもの姿があった。保育室に戻ってきた子どもには，「もう，泣いてないよ」と満足そうな表情や，「私の靴はにっこり笑ってた」と，誇らしげに報告する様子がみられた。

　　　　　　　　　　　　　　　　　　　　　　　　　（H県O市S幼稚園）

事例2　「先生ね，朝，とっても嬉しいことがありました」

　4歳児の保育室では，子どもたちが保育者の周りに集まり，「朝の集い」を行っている。保育者は，子どもたちが落ち着いたところで，「先生ね，今日の朝，とっても嬉しいことがありました」と，今朝の嬉しかった出来事について子どもたちに話しはじめた。子どもたちは，嬉しいことや楽しいことが大好きで，保育者の話を興味深く聴いている。保育者は「朝，Aくんが，『K先生，おはようございます』って，とっても素敵な挨拶をしてくれたよ。先生はとっても良い気持ちになって，Aくんが今日も元気に幼稚園に来てくれてよかったなって，とても嬉しくなりました」と，ゆっくりと話を続けた。そして，保育者が「みんなは，朝，起きたらお家の人に『おはようございます』って元気に挨拶してるかな？」と，子どもたちに問いかけると，子どもたちは，「私，『おはよう』って言うよ」「いつも，お父さんに言う」と，口々に応えた。保育者は，「みんなすごいね，お家でも朝の挨拶できるんだ」と子どもたちの発言を認め，さらに，「お友だちに会った時に元気な声で

『おはよう』って言うとどんな気持ちかな？」と，問いかける。子どもたちは，「嬉しい気持ちになる」「一緒に遊びたい」「お友だちの気持ち」と，笑顔で応える。保育者は，「そうだね，お友だちに挨拶すると，楽しい気持ちになって，仲良しになれて，素敵なことが起こりそうな嬉しい気持ちになるね」と，子どもたちとともに挨拶することへの満足感について話をした。　　　　　（H県O市S幼稚園）

事例1では，保育者は，「靴を片づけなさい」と指示したり，「どうして片づけていないの？」と，問いただすこともしていない。保育者は，子どもへの動機付けとして，子どもの靴を擬人化することにより，「迷子になってかわいそう」という気持ちを刺激し，「迷子にならないようにしっかりと片づけよう」という子どもたちの自発的な行動を引き出そうとしている。

事例2では，保育者が保育のなかで望ましい子どもの姿を示すことにより，子ども一人ひとりが自分の生活を振り返り，求められる生活態度について理解することができる。保育者は，子どもたちに「挨拶をすること」を指導するのではなく，挨拶を通して互いに快い気持ちになり，親しみを感じることができることに気づかせようとしている。

このように，保育者が子どもに身に付けてほしいと思う内容について取り上げ，子どもたちに投げかけることにより，子ども同士は生活のなかで互いに刺激し合いながら望ましい行動様式について学ぶことができる。また，保育者は，指示や強制的な指導ではなく，子どもの動機付けを大切にした指導を行うことにより，子どもたちが自ら必要性を感じ，自発的に行動できる生きる力の基礎を培う生活の実現をめざしている。

（3）子ども同士で学び合う生きる力

子どもの生活環境は，園生活のなかでおとなと子どもとの縦のつながりから，子どもと子どもとの横のつながりへと拡がっていく。子どもは，子ども同士の並行的な関係のなかで自分の思いを互いに主張することにより，ともに生活するためには我慢する，相手に譲る，待つことの大切さを知る。子どもたちは互いにかかわりながら，相手に自分の思いを伝え，受けいれてもらう体験を積み

重ねることにより，互い生活の楽しさを感じることができる。

　子どもたちは，自分に近い存在である友だちの姿を通して，園での生活習慣や守らなければならないきまりなど，集団生活に必要とされる態度や行動に気づいていく。子どもたちは，自ら経験し知り得たさまざまな情報を生活の知恵として自分の生活へと取り入れようとする。こうした，子ども同士のかかわりのなかで生成される学びについて，保育事例をもとにとらえることにする。

> **事例3　ぶつかり，共感し合うことのできる友だちの存在**
>
> 　幼稚園では日替わりで「当番」の子どもたちが，幼稚園の生活をリードする場面がある。弁当の時間になると，当番は，テーブルを用意し，消毒液のついた布巾でテーブルを拭き，友だちのお茶や牛乳を用意する。初めて当番になったBは，待ちに待った当番の仕事に張り切っていた。Bは「僕が，お茶をもつね」「あっ，布巾貸して，僕が拭くから」と，率先して当番の仕事に取り組んだ。しかし，一緒に当番をしているCが「僕が先に取ったんだよ」と，Bに仕事を譲ろうとしない。Bは「じゃあ，もうCくん嫌い！」と，その場に座り込んだ。その様子をみていたDが，「はいBくん，まだ布巾あったよ」と，新しい布巾を手渡した。Bは少し恥ずかしそうに布巾を受け取り，小さな声で「ありがとう」といった。Dは，「一緒にしよう」とBを誘い，ほかのテーブルを拭きはじめた。BとDが1つのテーブルを仲良く拭いていると，「こっちはおわったよ」とCがやってきて，「よし，僕も手伝ってあげる」と，仲間に入ろうとした。BとDは「いいよ」と，Cを受けいれ，3人は向かい合って1つのテーブルを拭き，互いの布巾がぶつかる度に顔を見合わせて笑いながら当番の仕事を協力してやり遂げた。　　　　　　（H県O市A幼稚園）

> **事例4　支えられ，思いやりの心を育む友だちの存在**
>
> 　今日は身体測定の日。子どもたちは制服や靴下を脱ぎ身体測定の準備をする。しかし，Eは自分で制服を脱ぐことができない。Fが「ボタンはずしてあげようか？」と声をかけた。Eはうなずき，Fに身を任せている。Fは「ここ難しいからね，はいできました」と，保育者に似た口調でEの制服の一番上のボタンをはずし，「下の方は自分でできるでしょ，はいやってみて」と，Eに残りのボタンをはずすように促し着替えがおわるまで側で見守っていた。
>
> 　身体測定がおわり，子どもたちは制服に着替える。脱いだ服を整理していなかった子どもたちは，「靴下がない」「上履きがない」と着替えが見当たらず保育室を探している。Gが「どうしたの？」と声をかけると，Hが「靴下がない」と応える。

> Gは,「あーあ,ちゃんとこうやって置いておかなかったからよ」と,Hに靴下のたたみ方を教え一緒に靴下を探した。その翌月の身体測定の時,HはGに教えてもらったように上履きのなかに靴下を丸めて押し込み,きちんとロッカーのなかに片づけていた。
> 　　　　　　　　　　　　　　　　　　　　　　　　　（H県O市A幼稚園）

　事例3では,当番の仕事に意欲的に取り組もうとする2人の思いがぶつかり関係性が決裂するが,友だちの思いやり行動をきっかけに,3人が一緒に仕事に取り組む楽しさを共感することができた。また,事例4では,着替えが早く済んだ子どもが,まだ衣服の着脱が1人でできない子どもを手伝い,先生役を担っている姿がみられた。

　園生活は,同年代といっても,個々の子どもの生活環境や生育歴の異なる子どもがともに生活している。生活経験の豊かな子どもは,友だち同士のケンカを仲裁し,傷ついた相手の気持ちを思いやり,子ども同士の関係性を取りもつ働きを担っている。保育者が子どもに接している姿が子どもたちの生活に根付き,子ども同士のやり取りのなかで,先生役を担う子どもの存在を中心として拡がる場面もある。互い生活は,子ども同士での生活経験を通して,傷つき,励まされ,助け,教えられ,互いに影響し学び合いながら展開するのである。

2　遊びのなかで育つ

　子ども同士の関係性は,個々の生活経験の違いや発達段階の影響により,平等で均衡のとれた関係というよりは,さまざまな生活場面のなかで異なる力関係がみられる。子どもは,子ども同士の多様な関係性のなかで葛藤を体験し,自己主張,譲り合い,協力,我慢,といった人間関係の調整の仕方を体験的に学ぶことができる。子どもは,子ども同士の関係性の拡がりのなかで,次第に遊び集団を形成するようになり,リーダー的な子どもの存在を中心として他者とのかかわりを深めることができる。ここでは,子どもが遊び集団を形成して遊ぶ場面を事例として,リーダー的な子どもの存在に着目し,遊びのなかで育つ「人とかかわる力」を取り上げることにする。

（1）遊びにおけるリーダー的な子どもの存在

　リーダー的な子どもの存在は，子どもの遊び集団において集団の核となり，ほかの子どもに影響を与える重要な役割を担っている。第1に，リーダー的な子どもは，友だちを遊びへと誘い，遊びの内容を考え，遊びのルールや役割を決定する，というように，子どもが共通の目的をもって集団を形成するための役割を果たす。第2に，遊びのなかでトラブルが生じた場合には，解決策を考え出し，遊びをより楽しくするために新たな道具やルールに関する提案というような遊びの展開にかかわる役割を担う。

　子どもが仲間と協力し，主体的に遊びを創造するためには，自分の意見を主張するだけでなく，個々の思いを尊重しながらも互いの考えを集約し，一定の方向性を導き出さなければならない。そのため，第3の役割として，リーダー的な子どもは，並行的な子ども同士の関係性のなかで豊かなかかわりの機会をつくり，互いの意見や遊びの方向性を調整する役割がある。

　このように，リーダー的な子どもの存在は，遊びを継続的に展開することを可能とし，子ども同士のかかわりを密接にする。幼児期において，子どもが，リーダー的な子どもを中心としたかかわりを通して，互いの意見を調整し合う体験を積み重ねることは，子どもの生きる力の基礎となる「人とかかわる力」を育むための重要な経験となる。

（2）リーダー的な子どもを中心とした遊びの事例

　幼児期の遊び集団は，集団を構成する子どもの役割構造が未分化であることから，リーダーは特定されず，遊びやその場の状況によって流動的な傾向がある。そのため，子どもの遊び集団は，すべての子どもに集団の中心者としての発言の機会があり，個々の子どもたちの自発性が発揮しやすい状況にある。

　子どもの遊び集団においてリーダーが暫定的に決定する要因として，発言者に同調的な態度を示すフォロアーの存在が不可欠である。つまり，集団のなかで，複数の子どもが自分の考えを主張した場合，フォロアーとなる仲間の賛同

を得られた意見だけが集団に受け容れられ，リーダーとなる子どもは，フォロアーの存在によって決定づけられる。

子どもが遊び集団を形成し，遊びを展開している場面の事例5は，①遊びの中心者となるリーダー的な子ども，②リーダーを決定づけるフォロアー，の2つの視点から子ども同士の関係性を整理することができる。遊びのなかでは，まちがいなく「人とかかわる力」が育っていくといえよう（表7-1）。

事例5　リーダー的な子どもを中心とした遊び

数人の男児がトランポリンで遊んでいる。Fがリーダーとなり，跳ぶ順番や跳ぶ回数を決め，他の子どもたちに遊び方について指示している。そこへ数人の女児が交替して欲しいとやってくる。男児と女児が対立し，遊びが一時中断している。

（H県O市J幼稚園）

この事例では，遊びを開始したFがリーダーとして，他の子どもの行動に影響を与えている。場面1では，Fの自己中心的な発言に他の子どもが反発するが，Fの意見に同調しフォロアーとなる子どもの存在によってFを中心とした遊びが展開した。この事例における「人とかかわる力」にかかわる学びを，事例のエピソード場面ごとにみることにしよう。

【場面1～5】（遊びへの参加の仕方を学ぶ：仲間入り）

Fに反抗的なHや，Fに同調的ではあるが参加の仕方がわからないGが，他の子どもたちの参加に成功する様子をみて，遊びの流れをつかみ，遊びへの参加の仕方について学び，Fの了解を経て遊びに加わることができた。

【場面6～7】（ルールの大切さを学ぶ：ルールの共有）

Fは，友だちに順番を効率的にまわす手だてとして「10回で交替」というルールを提案した。順番を待つ子どもは10数えることで遊びの参加意識が高まり，跳んでいる子どもはみんなの号令のリズムに合わせて跳ぶ楽しさを感じた。また，Fが跳ぶ順番を固定したことにより，全員が順番を意識して主体的に参加するようになり，順番がまわるスピードも速くなった。

表7-1　リーダー的な子どもを中心とした遊びの流れ

場面	リーダー的な子ども	フォロアーとなる子ども	他の子ども
1	F「ちょっとちょっと」 F「みんな降りて」 F「僕をみてて」 F「だめ，僕からだから」 　　自己中心・権威的主張 F「そう，ぶつかるから」 　　理由の説明・指示→	・ふりむく ・一緒に降りる ・Fが跳ぶ様子をみる G「勝手にはなしよね？」 ←受容・同調	I「何で？」 ←困惑 H「嫌だ」 ←主張・葛藤 ・トランポリン 　から降りる
2	F「はい，いいよ」 　　　　　　　　受容→	I「Fくん，僕，次，いい？」 ←同調・確認・主張 ・Iがトランポリンにあがる	H「次だれ？」 ←主張・困惑 ・様子を見守る
3	F「えっと…」 　　　　　　　　迷い→ F「じゃあ，次いいよ」 　　　　　　受容・指示→	H「Fくん，次だれ？」 ←同調・確認 H「僕，まだしてない」 ←受容・主張	・待つ ・葛藤 ・様子を見守る
4	F「Iくん，もう交替，おわり」 　　　権威的主張・指示→	H「おわり」 ←同調 I「わかった」 ←理解・受容　　伝達・指示→	・待つ ・葛藤 ・様子を見守る
5	F「待って，この次ね」 　　　　　　受容・指示→	G「Fくん，僕は？」 ←主張・同調・確認 ・うなずく	・待つ ・納得する
6	F「みんな，10回ずつで交替」 　　　　　ルールの決定→	・うなずく ←受容・理解	うなずく ←賛成
7	F「僕が1番で234…ね」 　　権威的主張・順番決定→	・うなずく ←了解・理解	うなずく ←理解
8	J「ねえ替わって」 　　　主張・要求・強制的→		F「嫌だ」 ←拒否 ・沈黙・無関係
9		K「替わってって言ってるよ」 ←同調　　　主張・向社会的反応→	F「だめ」 ←反発・拒否
10	J「男の子だけずるいよ」 　　　　　正当性の主張→	L「替わってよ！」 ←同調　　　　　　強制的→	G「何で？」 ←疑問
11	J「ねえ順番にしようよ」 　調整・妥協・ルールの提案→	L「先生に言うよ」 　　　　　　権威的主張→	F「…」 ←困惑・葛藤
12	・J・L・Kがひそひそ話をする〈作戦会議〉		・様子を見守る
13	J「せーの」（合図） J「1，2，3…」（数） 　　　　　協調的解決→	L・K「1，2，3…」 ←同調　　　　協調的解決→	F「…」 リズムにのる ←同調

104

14	J「はい，おわりー」 　　　　　　ルールの使用→	L・K・M「おわりよ」 ←同調　　　　　伝達・指示→	G「もう？」 ←受容・理解
15	J「男の子，交替よ」 　　　ルールの使用・協調的解決→	F「みんな，交替だって」 ←受容　　　　　伝達・指示→	男児「えー」 ←困惑
16	F「ほら，男の子降りて」 　　　ルールの使用・協調的解決→	女児 ・様子を見守る	男児「うん」 ・男児ら降りる
17	F「はい，次，女の子チームね」 　　　ルールの使用・協調的解決→ F「10数えるよ」 　　　　　誘い・ルールの提示→ F「せーの」（合図） F「１２３…」 　　　　　　　　　　　調和→	女児「はーい」 ←同調・理解 男児「はーい」 男児「１２３…」 ←調和	女児 ・男児の号令に 　合わせて跳ぶ ←調和

【場面8〜15】（互いに折り合うことを学ぶ：協調的解決・目的の共有）

遊びのリーダーがFからJへと移り，JとFの対立した関係性がみられたが，場面12における女児の「作戦会議」をきっかけとして，集団全体に「10まで数える」というルールが共有され，協調的解決へ向かう。さらに場面15において，FがJに同調的な態度を示すことにより，集団のなかに「10回で交替」というルールが受け容れられ遊びの目的が共有された。

【場面16】（集団で遊ぶ楽しさを学ぶ：調和）

Fが再び遊びのリーダーとなり，集団の遊びを誘導している。ここでのFは，場面1でみられたような「自己中心的・権威的」な態度ではなく，集団に共有された遊びの目的とルールに沿った協調的な態度である。したがって，集団のなかに調和が生まれ，メンバーがFの合図のもとに主体的に行動し，集団としてのまとまりができた。

（3）遊びを通して育つ生きる力

子どもの遊び集団は，遊びに参加したいという興味・関心・意欲をもった子どもたちによって形成されるものである。こうして生まれた遊び集団には，集団のなかで絶対的な影響力をもつ子どもや，一方的に我慢を強いられる子どもの存在がある。子どもたちは，子ども同士の厳しい関係のなかで，さまざまな

葛藤を繰り返しながら，相手に同調する態度や，我慢し，待つこと，状況に応じて主張を行うこと，相手の言葉を聞き，気持ちを受け止めること，といった一緒に遊ぶために必要な「人とのかかわり」について体験的に学ぶ。

子どもたちは，仲間入りに失敗したり，主張が受け容れられなかったとしても，一緒に遊びたいという思いをもつことによって，ねばり強く相手と交渉し，有効な解決策を導くための手だてについて試行錯誤を繰り返す。子どもの自発的な行動や，目的達成のために思考することが，人とかかわる力である，幼児期における人とのかかわりを通して育まれる「生きる力」となる。

3　コミュニケーションのある園生活

地域や家庭生活において多様な他者とかかわる機会が稀薄な現代の子どもにとって，幼稚園・保育所の生活は，園長先生，保育者，クラスの友だち，異年齢の子ども，バスの運転手さんなど，多様な人と出会う貴重な場である。しかし，初めて園生活を過ごす子どもたちにとって，多様な人的環境が整っていたとしても，環境と子どもとのかかわりをつなぐ保育者の存在がなければ，豊かな人間関係を築くことは難しい。

子どもの園生活におけるコミュニケーションを支えるのは保育者である。子どもの多様なコミュニケーションの機会を保障するには保育者の役割は大きい。子どもは，保育者に支えられた園生活を通じて「生きる力」を学んでいくのである。

(1) コミュニケーションを支える保育者の存在

子どもは，園生活を通して家庭では経験することのできない葛藤体験を得て，同年代の仲間との人間関係を構築する。しかし，子ども同士が友好的な関係性を保つことは難しく，互いの主張がぶつかり関係性が消滅することもある。リーダー的な子どもの存在は，幼児期における遊び集団の形成においては有用であるが，リーダーとしては未成熟であり利己的な言動により集団をまとめ，

持続させることは困難である。

　子どもの自発性に任せ，自然消滅するような関係性のなかでは，子どもが豊かな人間関係を構築することはできない。園生活において，子ども同士がかかわる機会を増やし，そのかかわりの質を高め，子ども同士の学び合いの場を保障するためには，保育者の存在が不可欠である。

　園生活における子どもと保育者の関係性を，①オーケストラ型，②相互主体型，③リーダー的な子ども中心型，の3つのタイプに大別してみると，子ども同士の関係性を支える保育者の立ち位置や役割がみえてくる（**図7-1**，**図7-2**，**図7-3**）。

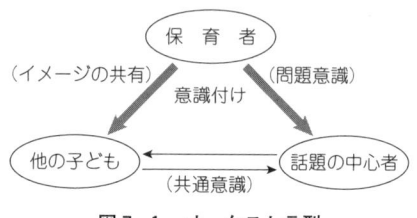

図7-1　オーケストラ型

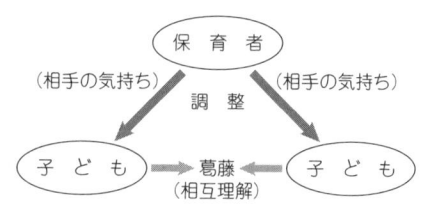

図7-2　相互主体型

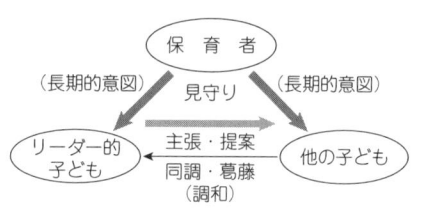

図7-3　リーダー的な子ども中心型

　園生活では，子どもたちの生活体験に応じて，必要なことを保育者から子どもたちへと伝達し，集団生活にふさわしい態度について意識づけを行う必要がある。**図7-1**では，保育者が，話題の中心者によって発生した問題を取り上げ，他の子どもとともに，その問題の原因や解決方法についてともに考え，互い生活に共通意識をもたせている。保育者は，一方的に指導し問題を解決するのではなく，オーケストラの指揮者のように子どもの前に立ち子ども同士の話し合いをリードして，よりよい方法を導き出す役割を担っている。

　図7-2の子ども同士の自己主張のぶつかり合いの場面では，保育者は子どもの間に入って，効率的に解決しようとするのではなく，双方の意見を受容しながら，互いに相手の思いを伝え，互いの思いをぶつけさせながら，子どもた

ちなりに解決方法をみつけだせるように互いの意見や力関係の調整役を果たし、対等な立場で話し合いを行えるような状況をつくっている。

図7-3では、保育者は、リーダー的な子どもを中心として子どもの関係性が成立している場合において、子どもたちの集団から一定の距離を取り、様子を見守ることが大切である。時には不合理な解決や、一方的な力関係がみられる場合もあるが、子ども同士のなかで調和した解決策であれば、子どもの自己判断力、自己解決力を高めていくためにも、長期的な視野で見守る必要がある。

(2) コミュニケーションのある園生活から育まれる生きる力

保育者が、子ども同士での解決が困難な場合において、子ども同士のかかわりに介入することは当然のことであり、保育現場において日常的にみられる。この場合、保育者は、問題の早期解決をめざすものではなく、子ども同士の関係性において必要とされる役割を察知し、適切な援助を行うことが必要である。

保育者は、時には積極的に働きかけ、子ども同士の関係性を調整し、子どもの主体的な考えを見守り、認めていくというように、子どもの関係性に応じた多様な役割が求められている。子どもは、保育者に支えられながら幼児同士のかかわりを豊かにし、こうしたコミュニケーションのある園生活において、子どもがいきいきと暮らすことが「生きる力」を養うものと考える。

学習課題

○互い生活のなかで学ぶ「生きる力」について話し合ってみよう。
○子どもの遊び集団における「リーダー的な子ども」の役割について、自分なりの考えをまとめてみよう。
○子どものコミュニケーションを支える保育者の役割について、その要点をまとめてみよう。

参考文献

井上健治・久保ゆかり『子どもの社会的発達』東京大学出版会，1997年。

大塚忠剛『幼年教育の理論と実際』北大路書房，1998年。

柏まり「幼児期にふさわしい生活の展開に関する一考察――遊びを創る過程における話し合い活動を事例として」中国四国教育学会編『教育学研究紀要』第48巻，第一部，2002年。

柏まり「幼児の仲間集団における遊びの創造過程――リーダー的な幼児を中心とした話し合い場面を事例として」中村学園大学・中村学園大学短期大学部編『中村学園大学・中村学園大学短期大学部　研究紀要』第36号，2004年。

小林真「幼児の対人葛藤場面における社会的コンピテンスの研究」『教育心理学研究』第41巻第2号，1993年。

住田正樹『子どもの仲間集団と地域社会』九州大学出版会，1985年。

髙橋たまき・松嵜洋子「遊びにおける発話・対話の発達――その1」日本教育心理学会編『日本教育心理学会第30回大会発表論文集』1988年。

田中亨胤・中嶋紀子編『幼児期の尊さと教育』ミネルヴァ書房，2001年。

淵上克義『リーダーシップの社会心理学』ナカニシヤ出版，2000年。

古畑和孝『幼児の人間関係の指導』学芸図書，1995年。

山本愛子「遊び集団内における幼児の対人葛藤と対人関係に関する研究――対人葛藤発生原因および解決方略と子ども同士の関係」広島大学大学院教育学研究科附属幼年教育研究施設『幼年教育年報』第18巻，1996年。

（柏　まり・田中　亨胤）

第8章 環境とかかわる遊びの生活

　子どもにとっての遊びの意味を再考し，その意味を踏まえて，子どもたちの願いと保育者の願いを実現するために必要な保育者の役割を論じる。さらに，具体的な保育実践のなかでの環境の変化のあり方，保育者の意図が明確に構成されている指導案の作成，さらに人的環境としての保育者のあり方について言及する。

1　遊びと保育内容

(1) 子どもにとっての遊び

　かつて，幼児の生活はそのすべてが遊びであるといわれた。学齢前の乳幼児においては，睡眠，食事，排せつなどを除く行動はすべて遊びとみなされてきた。しかし，子どもたちの世界から遊びが失われつつあるといわれるようになって久しい。幼稚園や保育所でも，遊ばない，遊べない子どもたちが話題になる。

　では，あらためて，遊びとは何だろうか。遊びとは何かについては，古くから多くの理論が展開されてきた（エリス, M.J., 1986）。そのなかで，遊びの共通特性としてあげられるのは，まず，遊びの本質としての「自由」である。そして，遊びは内発的動機づけによる活動，すなわち「自発的」活動であるということである。また，遊びは，遊ぶことそれ自体を目的とする「自己目的的」活

動であり，遊ぶ過程にあるよろこびや楽しさ，緊張感を求める「過程志向的」な活動である（森，1992，高橋，1984などを参照）。いいかえるなら，遊びとは，人が環境（周囲の事物やほかの人たち）と思うがままにかかわり合うことを楽しむ活動である。

　このようにとらえるなら，幼児が泥でだんごをつくったり，草や花を石やすりこぎでたたいたりつぶしたりして色水をつくったり，箱つみきや板つみきを組み合わせて基地や家をつくったりする活動はもちろん，赤ん坊が色々なものに手を伸ばし口に入れて，その固さや感触，味を確かめてみるのも，1，2歳の子どもが食事中にわざとスプーンを落としてはおとなに拾ってもらうことを繰り返して喜ぶのも，遊び（自由で自発的な環境とのかかわり）である。このように人は，乳児のころから，身の周りの人や物に対して思うがままに多様な仕方でかかわるなかで，思考を巡らせ，想像力を発揮し，体を使い，人とかかわり，さまざまな感情を味わいながら，周囲の環境にさまざまな意味を発見したり，さまざまなかかわり方を発見していく。すなわち，乳幼児期の子どもは，生活のなかで自分の興味や欲求に基づき，直接的，具体的に周囲の環境とかかわるなかで，身体的にも精神的にも発達していくのである。こうした意味で，自由で自発的な環境とのかかわりとしての遊びは乳幼児期特有の学習なのである。子どもたちが遊ばなくなった，遊べなくなったという状況は，子どもたちが発達に必要な体験を積むことができなくなってきていることを意味している。

（2）子どもの願いと大人の願い

　幼稚園・保育所は，幼児期の発達の特性をふまえ，幼児期にふさわしい生活を実現することを通して，乳幼児の発達を可能にするように計画的に教育を行う場である。幼児期の発達特性として，幼児は，自分の生活を離れて知識や技能を一方向的に教えられて身に付けていく時期ではなく，生活のなかで自分の興味や欲求に基づいた直接的・具体的な体験を通して，さまざまな態度や能力などが培われることが知られている。したがって，幼児期にふさわしい園生活とは，保育者主導で一方的に保育が展開される生活ではなく，幼児が自らの興

味や関心に基づいて周囲の環境に働きかけて活動を生み出す——遊ぶ——なかで発達に必要な体験を積み重ねていく生活である。

　幼児の自由で自発的な環境とのかかわり——遊び——を通して発達を促すために必要なことはなんだろう。1つは，幼児の興味や関心，意識や必要感などに基づく活動——遊び——が連続性をもって展開される環境である。幼児の願いが実現される環境といってよいだろう。もう1つは，大人（保育者）の願いが実現される環境である。遊びによる保育においては，幼児が何を体験するかは幼児の活動にゆだねられる部分が大きい。しかしながら，遊びのなかでの体験が幼児の発達につながるためには，そこにおける体験の中身が問われなければならない。教育の場である幼稚園においては，一人ひとりの幼児に，今，必要と思われる体験——大人（保育者）の願い——が実現される遊びが展開されることが望まれる。子どもの願いと大人の願いの交点にうみ出される1つの状況，そこに園での遊びを通しての幼児の育ちの姿をみることができよう。

　たとえば，朝から逆上がりに取り組んでいる幼児が「先生，逆上がりができない」と訴えてきたとしよう。ここでの子どもの願いは逆上がりができることである。このとき，この幼児にどうかかわるかは，保育者の願いによって決まる。保育者がすぐに手を貸して逆上がりをさせてあげることは簡単である。しかし，そこには子どもの育ちに対する保育者の願いがなければならない。逆上がりができない幼児に対して，そのコツを教えることだけにとどまらず，たとえば，この幼児に対して「友だちのいることのよさを味わってほしい」という願いをもっているなら，近くにいる幼児に手を貸してくれるよう頼むだろう。「あきらめずにがんばり続ける経験をしてほしい」という願いをもっているなら，保育者がそばにいて励まし続けるだろう。「ひとりで逆上がりができる感覚を味わってほしい」と思うなら，鉄棒の下にタイヤなどの台になるものを用意してあげるだろう。このように考えるなら，逆上がりをしたいという幼児の願い一つに対して，保育者のかかわりの可能性は無限にあるともいえる。

　保育者のかかわりとは，幼児の思いや願いに対して無限にあるともいえるかかわりの可能性のなかから，「いま，この幼児にはこのような経験をしてほし

い。そのことを通して，このような方向に育ってほしい。だから，今，ここでは，このようにかかわろう」というように，子どもの育ちへの願いに基づいて選択されるものでなければならない。子どもの願いと大人（保育者）の願いが両立する状況のなかに，遊びにおける保育内容を読み取ることができる。

(3) 遊びを中心とする園生活における保育者の役割

園での生活が，子どもたちの自由で選択的な活動——遊び——を中心に構成されるとき，そこで選択される活動そのものと，そこにおける経験の内容が問われなければならない。「幼稚園教育要領」の第2章「ねらい及び内容」には，幼稚園教育が何を意図して行われるかが示されている。そこに示されている事項は，保育者が幼児の生活を通して指導を行う際の視点であり，それは同時に，幼児のかかわる環境を構成する際の視点である。

「幼稚園教育要領」に示されている「ねらい」と「内容」は，幼児の発達の側面から，心身の健康に関する領域「健康」，人とのかかわりに関する領域「人間関係」，身近な環境とのかかわりに関する領域「環境」，言葉の獲得に関する領域「言葉」，感性と表現に関する領域「表現」の5つの領域に編成されている。領域は，「幼児の育ちをみる視点」であり，小学校の教科のように領域ごとに指導するためのものではない。幼児の発達は，さまざまな側面がからみ合って相互に影響を与えあいながら遂げられていくものであり，1つの遊びのなかにも，5つの領域それぞれの発達の様子がみてとれるものである。

各領域に示されている「ねらい」は，幼稚園修了までに育つことが期待される心情，意欲，態度であり，幼稚園生活の全体を通して，幼児がさまざまな体験を積み重ねるなかで相互に関連をもちながら次第に達成に向かうものである。「内容」はねらいを達成するために保育者が指導し，幼児が身に付けていくことが望まれる事項である。保育者は，幼稚園生活を通して幼児が発達に必要な体験を積み重ねていけるように，幼児の発達の過程を見通し，幼児の生活の連続性，季節の変化などを考慮して，計画的にねらいを込めて環境を構成しなければならない。その環境は，幼児が自由感をもって自発的にかかわり，活動を

うみ出し発展させることができるものであることはいうまでもない。幼児の生活する姿や発想を大切にするとともに、幼児の行う活動の変化に応じながら、幼児が望ましい方向に向かって自ら活動を展開していくことができるように、つねにその環境が適切なものとなるように環境の再構成を行わなければならない。

　そして、保育者は、幼児の主体的な活動を促すとともに、たんに子どものなすがままの遊びへの共感、同調や援助に終始するのではなく、子どもたちが環境と意味のあるかかわりをもつことができるよう適切な援助を行ったり、子どもたちの活動がねらいの達成に向かうようなものになるよう多様なかかわりをもつ必要がある。また、幼児が安心、安定して活動ができる精神的な拠り所として、また、よき理解者として、共同作業者としてなど、さまざまな役割を果たし、子どもたち一人ひとりが発達に必要な豊かな体験を積み重ねていけるよう、活動の場面に応じて適切にかかわることが求められる。

2　環境の変化と保育内容

　幼稚園での遊びに対する環境のあり方について具体的に検討するために、次の観点から環境の定義を行った。すなわち、(1)好きな遊びの活動について、充実・発展する遊び環境になっているか、(2)環境に含まれた要素はどのようなものであるか、物、その配置、子どものかかわり、及び保育指導案の分析を通して明らかにする。ここでは、2つの事例を紹介する。事例1では、指導案に沿って設定された環境のなかで、保育者が「今、ここ」での幼児の意図に合わせて、当意即妙の対応を示した場面を取り上げる。また、事例2の場面は、幼児の継続した活動に沿って、周到に配置された物のなかに、保育者の深い配慮が読み取れる。

(1) 環境の変化の実際

　幼児の活動の展開に応じた保育者の環境構成のあり方をより間接的に示す2

つの事例を取り上げたい。ここでは，8日間の間隔をおいて幼児の遊びと保育者の位置，物の配置が有機的に絡み合い変化していく様子が見られる。

> **事例1　忍者ごっこ**
>
> 　23日の幼児は，忍者になること自体で満足しており，どのような遊びを展開していこうか定まっていない様子である。保育者も同様に探している状況であり，より多くの幼児が集まっている固定遊具の傍にとどまっている。そのため，「何か楽しい遊びはないか」と保育者のいる場所に次々と幼児が集まる結果となっている。
> 　太鼓橋での幼児は，忍者が修行するイメージを広げ，ほかの幼児に比べ，より活発に遊んでいる。ただ，飛び降りることに夢中になり，幼児同士が衝突しそうになる危険な場面も見られた。保育者は，太鼓橋から飛び降りることの危険性に配慮し，マットを1枚用意していたが，それだけでは不十分であっただろう。そこで，31日には，人数の多い遊びの方ではなく，より必要なところとして，太鼓橋の遊びに保育者がついて見ている。また，マットの向きを変えることでさらに安全性を高めている。
> 　幼児の動きが危険性を伴う場合，その遊びを制限するのではなく，うまく物の配置や保育者の位置を考慮することで安全を確保し，自分たちで遊びを展開していこうとする積極的な姿を生かすことが大切である。
> 　　　　　　　　　　　　　　　　　　　　　　　　（H県K市K幼稚園）

> **事例2　サッカーから忍者ごっこへ**
>
> 　1週間ほど前から継続してサッカーを楽しんでおり，23日には園庭の中央のサッカーゴールを配置した。その一方で，少しずつ忍者になって遊ぶ幼児が増えてきたことを考慮し，そのイメージが広がるような台や平均台を設置している。実際には，サッカーをする幼児はなく，「忍者ごっこ」の遊びに多くの幼児が興味をもって集まっていた。そこで，31日には，サッカーゴールを園庭の端に移動し，忍者ごっこのための用具を多く配置している。保育者が主にかかわっていたブランコでの遊びは，揺れるブランコにぶつからないように通り抜けていくという，幼児にとってスリルを楽しめる遊びである。また，「忍者が修行する」イメージも，うまく具体化した遊びである。危険を伴うが幼児にとっては魅力的な遊びを保障するような保育者の配慮は，前述した事例と同様である。
> 　以上，8日間の間隔をおいた環境の変化の実施について述べた。いずれも，幼児の遊びの様子をしっかりと把握し，そこからより楽しく発展するように，また安全性も十分考慮して環境を変化させたものである。その結果，ここでの「忍者ごっこ」は活発になり，より高度な技への挑戦が見出されるようになっている。いずれの事例も同じ幼稚園であるが，ここでの環境の変化は，幼児の動きの流れを意識し

たものであったことが注目される。1つの遊びのテーマに対して，一連の流れをもった動きが可能になるような物の配置，すなわち空間構成は，幼児と保育者のイメージに伴ってでき上がるものである。両者の創造的な空間構成であるといえよう。

（H県K市K幼稚園）

（2）保育指導案の分析

次に，環境の変化には必ず背後に保育者の意図がみられる。その様子を知るには，保育指導案が手がかりとなる。たとえば，事例2では，31日の指導案には，環境構成の視点として「……忍者の修行がイメージできるような道具を用意して，危険のないように配慮する。」「サッカーボール……ライン引きなど自分たちで物を出せるように整理しておく」とあり，忍者ごっこの遊びを中心にした保育者の意図が強く感じられる。これまで，興味をもっていた遊びから別の異なる遊びへと幼児の興味が移行していく時期には，その幼児の意識変化を読み取り，たとえば物をしまったり，あるいは出したりする物的環境を変化させることが重要である。次に指導案を含めた環境の変化の事例を示す。

事例3　アクセサリーやごっこ

幼児の動きでは，この時間にはあまりお客の幼児がアクセサリーを買いにきておらず，店番の幼児は手持ちぶさたのようであった。しかし，その近くにいた保育者，アクセサリーの飾り板の位置を移動し，方向を変えて周囲の幼児たちにも見えやすいよう飾り板の配置を考えた。これは，保育者の臨機応変の動きであるといえよう。その前にその場にいた保育者は，もつれた糸ほぐしを優先させていたが，これは指導案にあるように指編みのきっかけをつくろうとしていたのかもしれない。このアクセサリー屋さんの近くの保育室では2人の女児がアクセサリーを作っていた。机の上には，アクセサリーづくりに必要なひもや木の実などが並べられ，話をしながら製作していた。机がなければ床の上ですることになり，ここでのアクセサリーづくりの作業にふさわしい環境であったと考えられる。

（H県O市O幼稚園）

事例4　リレー

リレーでは，指導案のねらいにあるように，「友だちと一緒に目的をもって楽しく遊ぶ」姿が見られた。ここでは，2番目に走る順番がわからなかった幼児がいたが，そのことを責めている様子はなかった。保育者が雰囲気を察知して素早くかか

> われたことがよかったと思われる。お互いがリレーという好きな遊びを見つけ，友だちと一緒に走ることをつないでいく楽しさを味わう姿が見られる。物の配置としては，トラックを事前に引き，朝礼台の上にはバトン，たすき，はちまきを置き，幼児が「ここを回って走るんだな」「今日は誰と一緒かな」「何番目に走るのかな」などルールを守りながら走る意欲を掻き立てられるような環境が準備されている。園庭を占めるもう1つの運動遊びであるサッカーのコートとの仕切りに平均台が使われているが，これは安全面を考えての環境設定だと考えられる。サッカーやリレーのコート・トラックのなかには，三輪車，キックスケートや竹馬遊びをしている幼児が入らないで，お互いが安全に楽しく遊ぶように配慮された環境である。
> 　ルールのある遊びを楽しむ幼児がいる反面，そのなかに入れない幼児もいる。朝礼台の上で応援していた幼児は，間接的にリレーに参加していたのであろう。しかし，保育者の誘いがあればどうであっただろうか。その幼児はリレーをしたかったのかもしれない。
> 　　　　　　　　　　　　　　　　　　　　　　　　　（H県O市O幼稚園）

　環境の変化の背後には，保育者の指導案という意図が綿密に関与しており，何気ない変化であってもそこには大きな意味を含めていることがわかる。それは保育後の評価にもつながる。すなわち，この保育をとおして幼児の活動はどうであったのか，内面的な発達は促されたのか，これらを焦点づけて考察することが可能となるからである。それは一見偶然に起こったかのように見えるものでも，むしろその環境に保育者の意図を潜ませていくことがふさわしいのである。

3　人的環境としての保育者

　環境は幼児の遊びの展開に大きく関連するが，その環境を司っているのが保育者である。幼児の様子を理解し，イメージをもって接するのも保育者であり，また物を動かし，臨機応変に対応して環境を構成していくのも保育者である。さらに，物的環境のなかでも重要な位置を占め，動く環境としての保育者のあり方が問題となる。そこでここでは，具体的な事例をとおして，環境と保育者のあり方について論を進めよう。

(1) 身体と対象をつなげる保育者

　ここでの身体と対象をつなげる「身体」とは幼児自身のことをさし，対象とは，幼児の周囲に拡がる空間的，物的環境および雰囲気などすべてである。それらは，静的に絵画のように存在するのではなく，つねに動的なかかわりとして，遊びの現象としてあらわれる。われわれは，幼児の身体行動をみて，対象である環境の意味と縦横無尽にかかわりあっているとき，その幼児が「生き生きとしている」と感じ，そのような理想像をもって保育環境を考えようとしている。

　これらの指摘の説明は，1997年に無藤隆がジェームス・ギブソン（James Gibson）の「アフォーダンス理論」を使って試みている。アフォーダンスとは，人が環境に実在するものに対して抱く身体的な関係を重視し，心はその身体と対象との関係の積み重ねとしてとらえられるという「生態学的心理学」の発想から出ている。たとえば，「椅子」は「座る」という意味をもった物であり，実際に椅子がなければ，われわれは「座る」という意味を周囲に探す。たとえば，木の切り株や高さのちょうどいい台に腰かけるかもしれない。このように，環境のなかに行為にとっての意味を探すことが，すなわち「座りのアフォーダンス」であり，環境が人間を含めた動物にその意味を提供している，ということである。

　そもそもアフォーダンスという用語は，与えるという英語，affordからの造語であり，ギブソンによって提唱されたものである。すなわち，環境はいつもわれわれに意味を与えようとしているし，われわれも自らの行為に関連させて，環境に意味を探そうとしている。環境とのかかわりは，それらの相互作用であり，保育者は，幼児と幼児をとりまく環境の相互作用が活発に行われるよう，環境とのつながりをもたせるよう，かかわりを援助する立場にいるものである。幼児については，あくまで幼児自身が主体的に環境にかかわっていくことが大切である。自発的・主体的にかかわることではじめて，環境に意味をみつけだし，能動的かかわりをもっていくことができ，そこで環境が幼児に働きかける事象も見出されるようになる。

（2）環境の設計

　保育者が日々の保育のなかで，幼児が遊びやすいように，また，発達を十分うながすような環境を設計することは，保育のなかでもより肝要なことではないかと考えられる。そこで，アフォーダンス理論を参考にしながら，環境の設計について提言したい。

　まず，環境を考える際には，日々の幼児の遊びの様子をイメージすることである。さらに，そのイメージをより具体的なものとするには，幼児の様子を詳細に観察することである。環境を設定してから観察するのではなく，まず幼児の様子をよく見てから，どのような遊びに興味関心をもっているのか，またどのような友だちとどうやって活動しているのか，観察することである。この際肝要なことは，観察する側ができるだけ内的なイメージを見る姿勢をもつことである。すなわち，外にみられる行動だけではなく，そこで起こっていることをとおして幼児の内面を見つめようと推測することである。同じようなお店やさんごっこでも，つくることが楽しいのか，売り買いのやりとりを楽しんでいるのか，さらにもっと別のものをつくりたいのか，その内実はさまざまである。そこで見ていてよくわからない場合は，保育者も仲間になって，たとえばお客として参加し，一緒に遊ぶことでその状況がわかってくる場合もある。

　その活動が活発に行われていたら，すなわち，幼児が環境に自ら働きかけ，自分で活動の環境を変化させようとしている様子であるなら，それは，ある程度環境と幼児の相互作用が実際に行われていると見ることができる。そのような場合には，しばらく様子を見守り，むしろ幼児たち同士で活動することを推奨すべきである。しかしながら，なんだか幼児自身も表情が冴えずに，見ている方も面白みに欠けるときは，何か変化をもたらせるような環境を考えてみることも必要である。たとえば，お店やさんの構えを少し工夫するように促すとか，保育者が積極的に買い物にいくとか，その商品についてたずねるとか，かかわっていくことである。

　翌日の保育指導案での環境の設定を「物の変形」「場所の変形」「出来事の変形」の観点で，どのような変化がふさわしいのか，さまざまなことを考えてい

くことである。たとえば，「物の変形」であると，せっかく作っているものをもっとちがったものに変えていったり，それを基にさらに工夫ができないか，考えることや「場所の変形」であると，お店やさんの位置がはたしてふさわしいのか，もっと移動した方が多くの幼児の目にふれるのではないか，といった配置や窓や壁をつくることで，もっとお店屋さんらしくなるのでは，といったことが考えられる。さらには，「出来事の変形」については，お店屋さんのオープンの時間を知らせたり，時間限定にしてみたり，考えられる。いずれもある程度のアイディアを保育者ももって幼児と共に相談して新たなる変化へと導くことである。その際，決して保育者が前にすすむことなく，できるだけ幼児の意見を聞きながらすすめることである。このことは，十二分にも注意してしすぎることのないほど，重要な点である。

　この場合，保育者の腹案をもっていることが先決であるが，それがあるとつい保育者の思いの方に幼児を誘導してしまうことである。これは，言葉にしなくても，心のなかで思っているだけで幼児自身が感じるということもある。たとえば，「このようになったらいい」という思いがあると，幼児がそのような意見を出した時とそうではない時の保育者の反応が異なるからである。これは，当事者にはあまりわからないようであるが，第三者としてみると，よく見られる光景である。

　以上のことは，幼児の内的イメージをまず感じ，それに沿ってさらなる幼児が実現したいと思っていることに保育者が手を差し出すという，倉橋惣三の指摘と同一の事柄である。いずれも，保育者の確実な観察による援助のタイミングと，変化へのきっかけが幼児の活動を新たなる局面へ展開していく原動力となるのである。

（3）環境図における幼児の動線と保育者の位置

　具体的な環境の設計に関しては，保育指導案とともに「設計図」ともいうべき青写真を構想することである。あるいは，やや理想的な「こうあったらいいな」という環境設定でもいい。いずれにせよ，幼児が十分動くことができ，ま

た充実した時間を環境とかかわれる保障をしっかりと確保することである。それには，日々の遊びの様子を記入し，その後幼児の動線を描いてみることである。物の配置によって幼児の動き方もずいぶんと変化してくることがわかる。

保育者の立つ位置にも注目したい。そこでどのように位置をとるべきか自ずと見えてくる。たとえば，先の事例にもみられたように，ここはやや危険であり，保育者の目が届いていなくてはならない，というところには，必ず一人が常駐することや，時間によってはほかの場所への移動も可能なようにあらかじめ予想を立てておくことである。保育者の臨機応変な対応は，このような綿密な計画の上ではじめて可能となるのである。そうでなければ，行き当たりばったりの無計画な動きとなり，保育者の動きは無駄が多くなり幼児に対する教育的な意図も十分果たせないものとなってしまう。

これまで，環境とかかわる遊びの生活として，環境のなかで保育内容が配置されることで，より幼児の内面的発達を促すものとしての役割を，内容自体がもつことが明らかにされたといえよう。保育内容は，それだけで成立しているものではなく，まず幼児の姿が基本となり，幼児の全面的発達を促すために存在するものであることを忘れてはならない。ともすれば，目的と方法が逆転することもあり，ある内容を教えるため，あるいは獲得させるために保育内容が存在するかのようにとられることもある。しかしながら，保育内容は具体的な手段であって，その目的は幼児の人間としての基盤をもたせるものであることはいうまでもない。さらに，その内容を直接的に生かすためには環境とのかかわりを見逃すことはできない。

学 習 課 題

○家庭や地域における遊びと，幼稚園や保育所における遊びの共通点と相違点についてまとめてみよう。
○幼稚園内での遊びを想定する際，どのような点に気をつけたらよいのか，幼児の動きと保育者の援助の両面から整理してみよう。

参考文献

エリス,M.J., 森楙・大塚忠剛・田中亨胤他訳『人間はなぜ遊ぶか——遊びの総合理論』黎明書房, 1986年。
ギブソン,J.J., 古崎敬訳『生態学的視覚論』サイエンス社, 1985年。
佐々木正人『アフォーダンス——新しい認知の理論』岩波書店, 1994年。
高橋たまき『乳幼児の遊び——その発達プロセス』新曜社, 1984年。
西台照代他「人的環境としての保育者のあり方（Ⅰ）」兵庫教育大学幼年教育講座『幼年児童教育研究』第15号, 83-94, 2003年。
無藤隆「身体知の獲得としての保育」日本保育学会編『保育学研究』第34巻第2号, 1966年。
森楙『遊びの原理に立つ教育』黎明書房, 1992年。

（青井 倫子・名須川 知子）

第9章 保育内容の計画

　幼稚園や保育所において，子どもが目を輝かせながら遊び，日常生活の一つひとつを自分の力で行おうとしている姿をみかける。その様子は，生活者としての子どもが垣間見られる。

　子どものさながらの姿をみていると，私たちはその状況の支えに保育者が子ども一人ひとりの発達を踏まえ，見通しをもった計画を立てている事実を忘れてしまいそうになる。

　本章においては，主体的な子どもの発達と生活を保障するために，カリキュラムの意味を確認するとともに，カリキュラムとその実践を結ぶ際に重要なことは何であるのか，具体的な計画がどのようになっているのかをみていくことにする。

1　教育課程

　幼稚園や保育所において，子どもは生活者として日々過ごしている。園生活は，子どもの育み，つまり一人間としての成長過程が，保育者の見通しのある援助によって支えられて展開する。

　計画的な環境構成による保育の展開にはカリキュラムが重要であり，幼稚園では教育課程を，保育所では保育計画を編成することが求められる。ここでは幼稚園の教育課程に焦点をあてることにする。

(1) 教育課程とは

　幼稚園は，満3歳から就学前の子どもが集う保育の場である。そこは，幼稚園教育の基本に基づき，本来，子ども一人ひとりのさながらの生活が守られる場であり，子どもの育ちを支える保育者が子どもとともに生活をしている。

　幼稚園におけるふさわしい生活の展開としての保育の基本は「幼稚園教育要領」にある。「幼稚園教育要領」には，「各幼稚園においては，法令及びこの幼稚園教育要領の示すところに従い，創意工夫を生かし，幼児の心身の発達と幼稚園及び地域の実態に即応した適切な教育課程を編成するもの」と明記されている。幼稚園は，意図的な教育を目的としているのであり，幼児期にふさわしい生活を通して，幼稚園教育の目的や目標の達成に努めることが必要と示されている。

　教育課程は各幼稚園において入園から修了に至るまでの長期的な教育期間を見通すなかで編成され，園の教育方針が明確にされる。この園は何を大切にしているのか。どのような人間になってほしいのか。また日々の生活のなかで，子どもにどのような経験を蓄積してほしいか。さらにどのように教育を進めていくのか。それらを具体化し，教育の全体計画を明らかに示したものである。

　3年保育の子ども，2年保育の子ども，1年保育の子どもといったように，その園にいつ入園したのか，そして，その園に在籍する期間によって，同じ年齢の幼児であっても生活や発達には違いがある。このようなさまざまな背景を鑑みながら，成長の見通しをもった教育課程を編成することになる。

　教育課程は，園の教育理念を具体化し，明確にしたものであるが，各々の園には教育方針があり，その教育方針が実際的に機能することが大切である。この点からは園に勤務する保育者や職員はもちろんであるが，保護者も教育課程の内容を共通理解し，園生活に見通しをもつことが望まれる。

(2) 教育課程の編成原理

　教育課程の編成は，各園の全職員の協力のもとに，園長の責任においてなされる。園長においてはなおのことであり，全職員にあって幼稚園教育に対する

理解が十分に得られて，教育課程が編成されるものである。ここでは，教育課程の編成にあたる留意すべきことを『幼稚園教育要領解説』から受けとめていくことにする。

　第1には，編成に必要な基礎的事項についての理解を図ることがあげられよう。たとえば，関係法令（教育基本法，学校教育法，学校教育法施行規則）や「幼稚園教育要領」などをしっかりと熟読し，内容理解に努め，共通理解を図ることが必要である。幼児期の発達，幼児期から児童期への発達についての共通理解も図っておくことが望ましい。園に在籍する子どもたちの実態をとらえることとともに，幼稚園の位置する地域実情を把握することは子どもの生活実態を知ることにもつながっていく。地域の自然，住宅の事情，交通などの状況，人間関係はどうであるかなどの状況にも目を向けることは，なおのこと重要である。地域の自然に目を留めるとすると，それは保育の計画を立てていく上でさまざまな示唆を与えてくれる。社会の要請や保護者の願いを把握することも心がけておく。これは，子どもを幼稚園の場のみで成長を見守るのではなく，保護者や地域の協力を得ることによって子どもの育ちを支えることができるからである。

　第2には，各幼稚園の教育目標に関してふり返りを行うことである。保育者全員が園の子どもたちにどのような育ちを願うのかを議論し合い，同じ方向性に立ち，保育について考えることが必要である。

　第3には，入園から修了に至るまでの長期的な視野をもって充実した生活が展開できるように，子どもの発達の道すじの見通しをもち，長期的に考えることが望まれる。幼児期の子どもの発達には個人差があり，子どもたちの心身の成長は，周囲の状況によって大きく影響を受ける。そのため保育者は柔軟な考え方をもちながら，保育を行う必要がある。

　第4には，子どもの発達の各時期にふさわしい生活が展開されるように具体的な「ねらい」と「内容」を組織することである。この場合には「幼稚園教育要領」などに示されることをもとにして，各園の実態に見合ったねらいや内容を考えていくとよい。

第5に，教育課程は園生活における大枠が示されているのであり，これに関して毎年大きく変化を遂げるものではないものの1年間の締め括りには実施した結果を反省，評価し，次の編成につなげていくことができるように見直しを図ることが重要である。より良き園の指針にしていくことが望まれるからである。

（3）教育課程と指導計画

　教育課程はその園の保育の総体的な計画であり，園の大きな目標や展開の方向を示すのに対して，指導計画は教育課程をもとに作成される実際的なものである。この計画には子どもの生活する姿が直接的に見え，具体的な保育の展開が示されるものといえる。つまり幼稚園において，幼児期にふさわしい生活が展開され，子どもの発達の過程を見通した計画として，具体的な「ねらい」や「内容」を考え，必要な体験ができるように保育者が適切な環境を構成し，援助すべき点などをまとめたものが指導計画なのである。

　保育においては，子どもが主体性をもち，生き生きと活動することが重視される。子どもは生活のなかで，本来好きな活動に取り組み，生きていく上での源となるさまざまなことを自らの体験を通して培うのである。

　私たちはつねに計画を第一に考えると，時として子どもの主体性が欠落しないかという矛盾を感じる場合が出てくるであろう。しかし，このことについて小田豊は雑誌『保育とカリキュラム』（2004年）のなかで，計画性のある指導というのは，あらかじめたてた計画を念頭におきつつ柔軟な指導を行うという意味である，と端的な言葉で述べている。保育者は幼稚園という意図的な教育の場において，園の目標を達成するように子どものさまざまな生活する姿を想定し，計画性のある見通しをもち，指導していくことが大切なのである。子どもの姿を徹底して丁寧に観ることは，計画の部分と実際の部分を結ぶ糸口になる。子どもの実態をしっかりと押さえておくことは，計画を立てる際に，子どもの動きを予想しやすくする。そうすると，私たちは見通しをもって環境の構成を整えたり，保育者のあり方についても深く考えたりしていくことになる。

2 長期指導計画

(1) 長期指導計画の考え方

　各園の理念に基づいて編成される教育課程は指導計画と密接に結びついている。それぞれの入園時期によって3年間，2年間，1年間と幼稚園において保育を受ける期間が異なる。子どもの生活や発達に違いがあることから，子どもの育ち，家庭や社会背景などをしっかりと受けとめておく。そして，保育者は，3年後には，2年後には，1年後には，どのような子どもに育ってほしいのかという長期的な見通しをもち，それが具体的な形となるように長期の指導計画作成に努めることが必要となってくる。

　教育課程を前提として長期指導計画が作成される。長期指導計画には，年間指導計画，期の指導計画，月間指導計画（月案）があげられる。なお，長期指導計画は，短期指導計画の積み重ねのなかで考案されるものである。長期指導計画と短期指導計画は，関連をもちつつ作成されていくことになる。

(2) 長期指導計画の実際

年間指導計画　年間指導計画は子どもの1年間の育ちを見通し，またこういう子どもに育ってほしいという願いをもち，そうなるべく保育の展開を想定しながら立案していくことが求められる。

　まず考えたいことは，日本では1年間を見通す場合に，折々の自然状況に身をおく私たちが存在していることである。その四季における子どもの生活を考え，その生活にふさわしい活動（四季の遊び，年行事等）があり，子どもの発達と重ね合わせながら予想することにより計画していくのである。

　保育者は日々の保育を行いつつ，節目にはこの年間指導計画に立ち返り，子どもの「今」の様子をしっかりとみつめ，その流れを確かめることが必要になってくる。前年までのその園の，その年齢の子どもの様子や保育の展開をふり返ることによって，具体的な子どもの姿，ねらい，保育の展開をイメージして

いくことを着実に行い，計画をたてることが大切になってくる。そのため，次年度を迎える前には新しい保育者が集い，各々の子どものことや各クラス全体の様子を思い浮かべながら話し合うことによって，年間指導計画を丁寧に勘案することは，より良い計画を立案する糧（かて）になるといえるだろう。

　表9-1に示す年間指導計画は，4歳児のものである。このなかには，「期（発達の節）」「幼児の姿」「ねらい」「内容」「環境構成」「保育者の援助」「地域との連携」「家庭との連携」によって分けられている。

　このうち，年間目標は一年を通して「期」ごとにいくつかあげて示されている。これは，この時期にはこのような目標を意識しながら子どもとのかかわりを考えているということである。また，「幼児の姿」は，前年の子どもの様子を元にしながら想定されている。さらに，「ねらい」や「内容」，「環境構成」「保育者の援助」などを順に見ていくと子どもの発達を中心において，大きな枠で括り考えられていることがわかる。

　幼稚園の保育内容は，「幼稚園教育要領」に示される「ねらい」および「内容」によって構成されている。「ねらい」とは，幼稚園修了までに育つことが期待される生きる力の基礎となる心情，意欲，態度などであり，「内容」とはねらいを達成するために指導する具体的な事項を示しているのである。「ねらい」および「内容」はその園の教育課程に基づいて，その期間における子どもの発達過程を予想しながら具体化していったものといえる。つまり，「ねらい」と「内容」は，子どもの実態，園の実態を踏まえたものである。

　環境構成は保育を行う上で重要な事項といえる。長期の予想を立てていく上でどのように環境を構成していくのかは丁寧に押さえるべきところである。この「環境構成」「保育者の援助」の部分をみても理解できるように，実態を踏まえて，その折々に人的環境としての保育者はいかにあるべきか，また物的環境をいかに整えることが子どもの発達過程において望ましいのかなど，その重要性を認識しながら見通しをもった計画を心がける必要があろう。

　子どもの健全な発達を願う園生活を確保する場合には，家庭の協力なくしては円滑にいかないことが多く予想される。そのため，年間を通し，どの時期に

第9章 保育内容の計画

表9-1 H県H市H幼稚園 4歳児年間指導計画

	1期 期待や戸惑いを体験しながら園生活に慣れ、いろいろな遊びをしてみる。	2期 友達と一緒に全身を動かして遊ぶ楽しさを味わう。	3期 友達や保育者との関わりを深め、集団で活動したりすることを楽しむ。	4期 自分の思いを伝えたり友達の話を聞きながら、遊びの体験を広げていこうとする。
月	4〜6月	7〜9月	10〜12月	1〜3月
幼児の姿	新入児 ○新しい環境の中で保護者と離れることへの不安があって登園する幼児、園生活に期待して登園する幼児がいる。 ○園生活の様子がわかり、クラスや保育者の名前を知り、挨拶や会話をしながら親しみを持ち始める。 ○周囲の様子に目が向き、好きな遊びをする姿がみられる。 進級児 ○進級したことを喜び、自分の力で生活しようとする気持ちが強くなる。 ○新入児に園生活の流れを言葉や行動で伝え、関わろうとする姿が見られる。 ○好きな遊びを見つけてのびのびと楽しむ姿が見られる。	○生活の範囲が広がり、戸外でも活発に活動するようになる。 ○簡単なルールのある遊びをする子もいる。 ○水遊び、プール遊びを楽しむ。 ○友達と一緒に集団のルールを守り、戸外で体を動かして遊ぶことを楽しむ。	○行動範囲が広がり、遊びの取り組みも意欲的になり、かなりの目的意識をもつようになる。 ○友達同士で刺激し合い、共通体験を楽しんだり、互いに仲間入りすることにより友達関係が広がる。反面、自己主張が増える中で、意見がぶつかることもある。 ○一人一人の興味・関心の広がり、自分なりにやろうとする姿が見られる。	○特定の友達と遊ぶ姿が多くなると共に、互いの育ちの中でこれまでの関係性が変わってくる。 ○一つの遊びが長く続くようになり、遊びの楽しさを味わうようになる。 ○雪、霜、水に触れ、冬ならではの体験をする。 ○自由な発想から遊びが広がりが生まれる。また自分なりに考えた遊びに意欲的に取り組んでいる。 ○時間をかけて自分の思いを伝えようとするが、自己主張ばかりでなく相手の考えを受け入れてお互いに歩み寄ろうとする。
ねらい	新入児 ○新しい環境に親しみをもち、安心して登園する。 ○固定遊具や遊びに親しむ。 ○好きな遊びや場を見つけて安定して遊ぶ。 進級児 ○新しい友達や保育者を知り、	○友達と関わり一緒に遊ぶことを楽しむ。 ○健康な生活の仕方や危険な場所、遊び方、災害時などの安全な生活の仕方を知る。 ○思ったこと、考えたことなどを表現し、いろいろな素材・用具の扱いに慣れる。	○自分の力を十分に発揮し、身体を動かすことの爽快さを感じる。 ○いろいろなことを積極的に行い、見たこと、感じたことを様々な方法で表現することを楽しむ。	○戸外で体を思いきり動かして遊び、皆と一緒に遊ぶ楽しさを味わう。 ○いろいろな遊びに興味をもち、自分らしく力を発揮して活動に取り組む。 ○友達と一緒に試したり工夫したりして遊ぶ楽しさを味わう。

129

内容	○親しみをもちながら一緒に遊ぶ。 ○好きな遊び、新しい遊びも取り組もうとする。 ○園での生活の仕方を知り、身の回りのことなどを出来るだけ自分でしようとする。 ○保育者と一緒に体を動かして遊ぶことを楽しむ。 ○戸外で身近な自然に触れ、遊ぶ心地よさを味わう。 ○身近な遊具・用具の扱いを知る。 ○友達の存在に目を向け、ふれあいをもつ。 ○簡単な挨拶をしたり、自分の思いや考えを先生に伝える。 ○歌をうたうことを楽しむ。 ○自由に描いたり、作ったりすることを楽しむ。 ○絵本や紙芝居をみたり聞いたりして楽しむ。	○夏を健康に過ごすために必要な生活の仕方を知る。 ○自分の好きな遊びを見つけていろいろな遊びの中で十分に体を動かす。 ○身近な動植物をみたり触れたり世話をしたりして親しみをもつ。 ○感じたこと、考えたことを言葉で保育者や友達に伝える。 ○いろいろな素材や用具に親しみ、描いたり、作ったりすることを楽しむ。 ○水遊び、プール遊びを楽しむ。	○友達と一緒に遊びのイメージを広げる。 ○遊びの中でのルールを守って遊ぶ。 ○虫捕りや生き物の世話をしたり、いたわっていのちの大切さに気づく。 ○身近な大人の仕事に興味・関心をもつ。 ○簡単な合奏を友達と一緒に楽しさを味わう。 ○いろいろな素材を利用し、自分のイメージに合わせて見立てて工夫する。	○良い生活習慣や態度を身につけ、進級することへの自信を持ち、楽しみにする。 ○冬の健康生活に必要な習慣を身につける。 ○戸外で体を動かし、皆と一緒に遊ぶ楽しさを知る。 ○簡単なルールを考え、友達と一緒に楽しさを発展させる。 ○善悪があることに気づき、考えながら行動する。 ○文字や数量、図形に興味や関心をもち始める。 ○冬の自然現象に触れ、不思議さや美しさを感じる。 ○身近な行事、伝統行事に対する関心を高める。 ○自分の思ったこと、考えたことが言葉で表現できるようにしていく。 ○遊びに必要なものを描いたり、作ったりして、それを使い遊びに取り入れる。 ○のびのびと歌を歌ったり、楽器をリズミカルに演奏することを楽しむ。 ○進級への期待を持ち、楽しみに待つ。
環境構成	○幼児が新しい遊びに興味を持って取り組めるよう、徐々に遊具や用具を増やし、一人一人の幼児が積極的に使えるようにする。 ○安全に遊べるよう遊びの場。	○遊びに溶け込めるような環境を用意し、必要に応じて保育者が手を貸しながら作り、遊びを楽しめるようにする。 ○園庭のよく遊ぶ場所に日陰を作る。	○幼児の要求に応じていろいろな素材や用具を必要に応じてだせるようにする。 ○友達同士で誘い合い、じっくりと遊び、刺激し合える空間と時間を用意し、一緒に活動する。	○冬休みを家庭で過ごした体験を共通のものとしてできるように遊具などを整える。 ○クラスの友達、また年少・年長の友達とも交流できる機会をつくり、いろいろな遊びや活動を通し合う。

第9章　保育内容の計画

	生活がスムーズに行えるようにする。	する楽しさが味わえるようにする。	○一人一人のよさを認め、自信がもてるような関わりをする。自らの力で遊んだり、友達と関われるような働きかけをする。○挑戦する気持ちを認め、目標をもって遊びを楽しめるようにする。	○同じ興味や関心、目的をもった友達の思いや考えを受け止めながら、遊びが展開するようにしていく。○友達との関わりの中で互いのアイディアを認め合うように見守っていき、一人一人の子どもが自己発揮できるようにする。
保育者の援助	○遊具の安全点検を十分に行う。○散歩や遠足に出かける前には道路、目的地等の安全をしっかり行う。	○水遊びやプール遊びなど、十分に楽しめるように時間や遊具・用具を整えておく。○自然と十分にふれ合いがもてるよう、小動物や栽培物に触れる時期をとらえて適切に整える。○園庭の整備や安全点検を十分に行い、存分に運動遊びが出来るようにする。	○新入児、進級児の体験の違いから来る遊び方、主張の仕方を十分に受け止め、一人一人が不安がないように気をつけ、安心感をもたせる。○一人一人の幼児とのふれあいを大切にし、不安や戸惑いが和らぐように温かく見守っていき、一人一人の発達に温かく応じるようにしていく。○園内の遊び場や遊具の正しい使い方を皆で確認したりしながら園内の安全について気づかせ、物の大切さに気づかせていくような言葉かけをする。	○保育者自身が仲立ちとなり、互いの気持ちを伝えたりして、友達との接し方、遊びへの参加の仕方がわかるようにする。○危険な行為はその場で知らせ、ルールを伝えることなどで安全にも十分留意する。○地域の人々とふれあう機会を意図的に計画していく。
地域との連携			○地域の方が行う交通安全教室に参加する。	○地域の小学校等の運動会を見学する。
家庭との連携			○園での生活の様子を園だよりクラスだよりで細やかに伝えていく。	○健康に夏が過ごせるように一人一人の健康状態を送迎時に聞くと同時に、水分の調節や食事、プール遊びの様子など相互に伝えていく。

	○トライやるウィーク（中学生が来る）	○日本古来の風習を地域の人と一緒に楽しむ機会を持つ。
		○幼児の成長を具体的に知らせ、幼児の成長と共に成長を喜んでもらえるようにする。○生活習慣、態度、遊び方、友達関係など日常生活の様子を見聞し合い、年長組になる次期を待ち望み、充実して過ごせるように協力してもらう。
	○家庭に夏が過ごせるように目を留めて、木の葉や木の実で遊ぶ機会をもち、親子のふれあいを深めてもらう。	○災害時における適切な行動の仕方などについて日頃より指導すると共に、幼児の安全確保について各家庭に伝えていく。

表9-2　H県H市H幼稚園　4歳児　10月　指導計画

幼児の姿	○友達と一緒にグループで遊ぶことを楽しむようになり，いろいろな体験から遊びを広げたり，リーダーシップを発揮する幼児の姿も見られるようになる。 ○互いに自分の思いや考えを伝えようとする気持ちが先行し，相手を受け入れることができずにぶつかり合う場面が見られる。 ○身近な自然に興味や関心をもって関わろうとしている。	行事	○運動会 ○トライやるウィーク ○10月誕生会
ねらい	○戸外で十分に体を動かし，いろいろな運動遊びを楽しむ。 ○自分の思いや考えを出し合いながら，さまざまな遊びをしたり，作ったりすることを楽しむ。 ○秋の自然に触れて遊ぶ中で，季節の移ろいを感じる。	家庭・地域連携	○日頃より運動会への取り組み等を知らせ，当日の結果を評価するのではなく，一人一人の頑張りや成長の姿を認め励ましてもらえるように伝える。 ○運動量が増えるので家庭において休息や睡眠を十分取るように伝える。

生活の内容	環境構成	予想される幼児の活動	保育者の援助
○運動遊びをする。	○道具の安全点検を行い，事故や怪我には十分に配慮し，幼児が取り出しやすいように準備をしておく。 ○ダンスや体操のCD，かけっこに使うゴールテープやフラッグコーン等は，取り出しやすくしておく。	○さまざまな運動遊びをする。 ・かけっこ ・玉いれ ・リレーごっこ ・サーキット遊び ・バラバルーンで遊ぶ ・チームに分かれての集団あそび ・曲に合わせて体操やダンスをする。 ・応援合戦 ・ダンス，体操	○戸外での活動が増える中で，気温，運動量に応じて衣服の調節が出来るように個々の様子をみながら声をかける。また水分補給も考えながら行えるようにしていく。 ○保育者も幼児と一緒に体を動かすことによって楽しさ等を共有していく。 ○遊びに必要なものを自分たちで考えながら準備をしたり責任をもって最後まで片付けたりすることの大切さを知らせていく。
		○運動会についての話し合いをする。 ・自分の経験したことや感じたことを友達や保育者に話したり，また皆の話すことを聞く。 ・運動会の歌をうたう。	○年長児のしている様子等を伝える中で，運動会を意識し，その魅力を感じることが出来るようにする。 ○一人ひとりが自分の思いを出して遊び込んでいく中で，トラブルが起こった場合には皆で解決し乗り越えられるようにする。
○友達と相談しながら運動会に必要な物を作る。	○自分たちのイメージを膨らませて遊びに必要な道具等を作ることが出来るように様々な材料を分けて用意しておく。	○運動会に必要な物を作る。	○一人ひとりの様子を見ながら，自分のイメージを形にしにくい場合には状況に応じて，言葉をかける等をしながら製作に取り組めるようにする。
○園外保育（散歩等）に出かける。	○目的地の安全確認と合わせて，道路事情等も下見を行い，把握しておく。 ○秋の自然に興味を持てるように絵本や図	○園内外で虫捕りや，草花や木の実拾いなどを楽しみ，秋の自然に親しみを持つ。 ○空，雲を見あげたり，風を感じたりしながら身近な自然の変化に気づく。	○虫や草花，木の実などに触れる機会を大切にし，幼児の発する言葉等を心に留めながら，保育者の感じたことを幼児に伝えたりする。 ○身近な秋の自然に触れ，その不

第 9 章　保育内容の計画

		鑑を置いておく。	○秋の歌をうたったり，絵本を見たりする。	思議さ等を幼児と一緒に感じとる。
	自然とのかかわり		地域とのかかわり	今月のうた
○さつま芋掘りをする。 ○球根を植えたり種まきをする。			○地域の小学校の運動会に参加する。 ○園外保育（芝生公園）に出かける。	○歌「フレーフレー運動会」 ○歌「世界中の子どもたちが」

　どのような協力を求める必要があるのかを大枠として考量しておくことは重要であり，そのため，「地域との連携」「家庭との連携」を押さえなければならない。

月間指導計画（月案）　月案は年間指導計画と具体的な子どもの実際の姿を念頭におきつつ，より具体的な計画が必要になってくる。この場合，その月の各々の週案との関連を意識しながら立案することも重要になってくる。また月案は，前月の下旬頃を目安にして立案することが求められるが，そのためには毎月，保育者間でふり返りと見通しをもつことができるように話し合いを行い，進めていく必要があると考える。

　表 9-2 は 4 歳児の10月の月案である。書かれている項目に目を向けると，「幼児の姿」「ねらい」「生活の内容」「環境構成」「予想される幼児の活動」，さらに「保育者の援助」「行事」「家庭・地域連携」「今月のうた」などがあげられている。

　月案の最初には「幼児の姿」が示され，先月の実際の子どもの体験と育ちが書かれている。この時期は新年度から 6 カ月が経過し，新入園児も進級児もともにクラスでの生活に慣れ，気候も快適ななかで子どものさまざまな面において活発さがともなう時期である。この欄をみてみると，生活のなかで見られる子どもの様子，子どもの興味・関心，および友達関係などの様子が書かれているのである。子どもの実際の姿を月ごとに追っていくと，最終的にはクラスの子どもの全体像，つまり一年間の歩みと成長が見えてくる。

　そのような「幼児の姿」から今月の「ねらい」には，当月のさまざまな行事，自然の移ろい，体験してほしいことなどを踏まえ，保育者は総括して「ねらい」をあげている。そして，子どもの生活の主な内容を挙げ，それに対して子

どもの主体的な活動を予想しながら，環境構成を如何にするとよいのかを考え，さらに，子どもの主体的な活動を支える保育者の援助を示すことが重要になってくる。

　また，「家庭・地域との連携」においては，今月の状況に応じてまず家庭に対して必要な連絡や協力を願うことなど，事前に伝えることの確認を書き留めることが大切である。また，地域に生活する子どもが地域の自然・文化に触れ，かつさまざまな体験の確保が為されるように，場合によって保育者が地域の方などと事前に連絡をとりあい，場の設定などを行っておくことも子どもの成長を支える上で必要といえる。

　ところで，保育者は月案を立て，実際に当月を過ごしている時に留意すべき点とはどのようなことであろうか。

　実際，子どもは自分の興味や関心のあるところへかかわりを求めていく。その生き生きとした活動のなかで，当初立てた月案は少しずつ変化していく。このとき，その計画がどの部分で変更が生じるのかをしっかりととらえておくことが重要である。また，その状況に合わせて保育者は，少しずつ当初の案を修正しつつ，子どもが活動に取り組んでいけるように多面的な援助をしていくことが求められる。この部分に関して，調和のとれた組織的，発展的な指導計画を作成し，子どもの活動に沿った柔軟な指導を行うようにと「幼稚園教育要領」には示されている。つまり，計画はいつでも修正が可能なのである。大切なことは，柔軟に計画を変更した場合に，子どもの活動のこの状況をどのように変えていったのかということを，保育者自身，しっかりと把握できているのかが重要といえよう。

3 短期指導計画

(1) 短期指導計画の考え方

　短期指導計画は，長期指導計画よりもさらに具体的な計画になってくる。この計画には，週の指導計画（週案），日の指導計画（日案），またデイリープログラム（日課表）があげられる。

　週の指導計画は，とくに月間指導計画をもとにしながら，実際には子どもの生活する姿を目の前において考え，その週の保育をいかに進めていくのかを具体的に計画するものといえる。日の指導計画はその週の一日を単位とし，その日の実践をふまえて，次の日の活動がどのようにあるべきかを考えていく必要がある。とりわけ，子どもの生活リズムはデイリープログラムで整えつつ，調和をもって子どものその日の活動が為されるように配慮した計画となるようにしていく。

　この計画は日々の保育を進めていくうえで指針になる。保育者は明日の保育については今日一日の保育が終わった後，子どもの活動の様子を思い浮かべながら，環境の準備はどうであっただろうかなどから反省や考察を行い，次の日に繋いでいく環境設定を考えるのである。毎日の子どもの生活を保障していく上では直接的になるぶん，実に柔軟に進めていける構えをもつ必要があるといえる。

　これらのことについては，「幼稚園教育要領」のなかで，週の指導計画，日の指導計画などについて，子どもの生活のリズムに配慮し，子どもの意識や興味の連続性のある活動が相互に関連して幼稚園生活の自然な流れに組み込まれるようにと示されている。子どもの姿をしっかりととらえながら，自然な活動展開を支えていくことができる週の指導計画・日の指導計画を立てることが望まれるといえる。

　ところで，計画とは推し量っていくことであるが，長期指導計画，短期指導計画はその一つひとつを丁寧に考えていくことが求められるのである。保育者

は，長い見通しをもった長期指導計画の年間・学期・月の計画をもとに，短期指導計画の週・日への計画へと具体的に内容を考えていく。その一つひとつは一年・学期・月という長期の見通しを描きつつ，一方では，日頃，子どもと主体的にかかわることを通して，日々保育の方向性を考えるのである。そのなかで一人ひとりの子どもに必要な体験が得られるように環境準備を行い，その成長を見守り意識していくことが何にも増して大切である。

　これらの計画が一方からのみに進むのではなく相互に作用することが望まれる。日々の保育では子どもの生活のあり方を考えながら週の指導計画や日の指導計画は作られる。時折，保育者は日の指導計画を年間計画のどの時期にあたるのか，その期の節目における子どもの育ちはどうであるのかなどの面から長期指導計画に目を向けることが求められる。双方の計画から保育をみきわめることが必要となる。

(2) 短期指導計画の実際

週の指導計画（週案）　週案を作成するにあたっては，次のような点検が必要である。たとえば，前週までの日々の生活を通して子どもが今，どのようなことを思い，考え，またどのようなことを欲しているのかをみきわめることといえる。そのためにはどのような環境準備を整えることが必要なのか。これらを実際的に一つひとつ検討することが求められる。

　保育者は，毎日の子どもの様子およびかかわりから，さまざまな活動を想定しつつ準備をするが，場合によって保育者自身の予想とは遥かに違う状況が起こり得る。その時には直面の状況をみながら判断して行動し，その日の終わりには直後の子どもの様子を思い返し，予想した子どもの様子と実際の子どもの様子にどのような異なりがあったのかを読み取ることが大切になってくる。それを元にして次の日へと結ぶのだ。

　一週間が経過すると，保育者は今週の様子をふり返り，反省と考察を試みることによって，次週に向けて子どもの育ちを見通しつつ，主体的な活動が保障されるように子どもの活動や遊びについて計画を再度試みるのである。

日の指導計画（日案） 日案では，実際の子どもの姿から具体的に予想していく。日案は，週の指導計画よりも具体的な子どもの活動実態から明日の子どもの活動を予想していくものである。そのため細やかな援助点にも気づいていく可能性は高く，週の指導計画を受けつつ，一旦予想している日の指導計画は環境を構成するポイントを含め，再構成していくとよいであろう。

表9-3は，週日案であり，週の指導計画と日の指導計画が一つに纏まっているものである。日々の保育を進める上では，一日をふり返りつつ記録し，日の指導計画を書くということが大切なことはいうまでもない。この週日案をみる場合に，毎日，週の指導計画を見返しながら日の指導計画を書いていくことができ，また，要点を押さえながら書くという意味では，日々の慌ただしさのなかにあっても継続しつつ行いやすいとも考えられる。表9-3は4歳児10月1週目の週日案であるが，週案の項目は，「ねらい」と「予想される幼児の姿」「保育者の援助と環境の構成」などから成っており，日案の項目は「時間」と「日案」「出欠」「特記事項」「行事」および「今週のうた」の欄から成っている。

週の指導計画の「環境の構成」や「保育者の援助」をみる場合には，主体となる子どもがさまざまな事象に自ら気づいたり，子どもが自分で為すべきことを行っていけるようにということをふまえて書かれている。その姿を援助する保育者は環境を整え，また保育者自らもその状況をいかに支えることができるのかをポイントをしっかりとみきわめながら援助点をあげていることがわかるのであり，読み進めるなかで具体的な配慮がみえてくる。

（3）保育内容と日の指導計画の関連性

日々の園生活において，子どもがさまざまな活動に取り組み，望ましい方向に向かって自ら活動を展開していくことができるように，保育者は適切な援助を心がけなければいけない。

「幼稚園教育要領」には，子どもの自発的な活動としての遊びが心身の調和のとれた発達の基礎を培う重要な学習であるとし，遊びを通しての指導を中心

表 9-3　H県H市H幼稚園　4歳児　週日案

4歳児指導計画	10月3日から10月8日		月 3日	火 4日	水 5日	木 6日	金 7日	土 8日
ねらい	○戸外で友達と一緒に体を動かして遊ぶことを楽しむ。 ○身近な秋の自然に触れ、季節の移ろいを感じる。							
	予想される幼児の姿	時間						
	○戸外で友達とさまざまな運動遊びをする。 ・かけっこ　・バランスつこ ・玉入れ　・リレーごっこ ・サーキット　・砂場 ・固定遊具　等	8：30	○順次登園 ○好きな遊び	○順次登園 ○好きな遊び	○順次登園 ○好きな遊び	○順次登園 ○好きな遊び	○順次登園 ○好きな遊び	
		10：00	○好きな遊び　砂場 製作ごっこ、折紙 まま遊び　草摘み 虫探しなど 固定遊具 縄遊び　体操 ダンス かけっこ バランスつこ 玉入れ　他	○運動遊び	○散歩 公園で遊ぶ	○運動遊び	○運動遊び	
	○芝生公園に出かける。 草花を摘んだり、木の実を拾ったりする。 かけっこや電車ごっこ、かくれんぼなどをする。	11：30	○集まり	○集まり	○帰園 手洗い、うがい	○集まり ○身体測定	○降園準備 ○集まり	
		12：15	○お弁当 ○好きな遊び ○降園準備 ○降園	○お弁当 ○好きな遊び ○降園準備 ○降園	○お弁当 ○好きな遊び ○降園準備 ○降園	○お弁当 ○好きな遊び ○降園準備 ○降園	○降園	
		14：00						
	保育者の援助と☆環境の構成	出欠記事	なし	なし	なし	なし	なし	
	○幼児だけで運動遊びを始めたり片付けたりできるように、必要な用具を使いやすいように整理しておく。	特記事項				○身体測定	○午前保育	
	☆保育者も幼児と一緒に体を動かしながら行い、楽しさを共に感じる。	行事	○トライやるウィーク （一週間）		○散歩 （芝生公園）			
	○公園までの道順と公園の状況を事前に見ておく。交通の状況と合わせ、道すがらの自然状況等にも目を配れるようにする。	今週のうた	○歌「フレーフレー運動会」					
	☆公園に向かう途中は子どもたちと共に楽しみながら歩くようにする。	コメント						
	○公園に出かける。芝生や自然の中で遊び、芝生公園内の自然を楽しむ。							
	○採取した名前の分からない自然物等が確認できるように図鑑やメモなどを用意しておく。		環境図と簡単な内容					

立案者　　　　　　　　　　園長印　　　　　　主任印

として「ねらい」が達成されるようにと示されている。保育内容は「ねらい」を達成するために指導する事項であるとも明記されている。明日の子どもの中心となる活動を考えたり，日案を立てたりする場合にはとくに留意して，保育内容に目を留めていくことが重要になってくる。「内容」は子どもが環境にかかわりながら展開する総合的な活動になっているだろうかという点にも配慮すべきであろう。そのため，日案作成にあたってはやはり子どもの主体的な活動を求めるなかに，さまざまな領域の「内容」が多面的に示されているのかを保育者は意識することも必要といえる。

『幼稚園教育要領解説』には保育者が「幼児を見守ったり，一緒に活動したりしながら，一人一人の幼児に今どのような経験が必要なのか，そのためにはどうしたらよいかを常に考え，必要な援助を続けることが大切」であると示されている。このことを考慮してみると，日々の子どもの主体的な活動を支える源は，いったん計画した日々の案をこれでよいだろうかと何度も検討し，見返すことである。もし，検討の余地が想定される場合にはもう一度保育者が熟考することで子どものよりよい育ちを支える案が示されるといえる。

── 学習課題 ──
○実習園の教育課程をもち寄って，共通点や特徴などを話し合ってみよう。
○実習園の年間指導計画をみて，その項目や内容などを比べながら話をしてみよう。
○実習園の週の指導計画や日の指導計画などを参考にしながら，実際に週の指導計画や日の指導計画を書いてみよう。

参考文献
磯部裕子『教育課程の理論――保育におけるカリキュラム・デザイン』萌文書林，2003年。
片山忠次・名須川知子編『生活保育の創造（改訂版）』法律文化社，2002年。
森上史朗・阿部明子編『幼児教育課程・保育計画総論［第2版］』建帛社，1999年。
文部省「幼稚園教育要領（平成10年12月）」1998年。

文部省「幼稚園教育要領解説（平成11年6月）」フレーベル館，1999年。
ひかりのくに「保育とカリキュラム（4月）」2004年。
姫路日ノ本短期大学付属幼稚園「4歳児10月指導計画」2003年。
姫路日ノ本短期大学付属幼稚園「4歳児年間指導計画」2003年。
姫路日ノ本短期大学付属幼稚園「4歳児週日案」2005年。

（長谷川　裕美）

第10章 保育内容の変遷と時間割の変化

　ここでは，明治期から開始された幼児教育の保育内容の変遷を内容面から概観し，その基本的な編成原理を明らかにし，これからの保育内容開発の方向性を見出すことにする。なかでも，主に明治期以来の具体的な保育内容にふれ，それらを分析することによって，そこに見出される内容の原理と構造を明らかにする。さらに，その内容を配列した時間割の変遷にも言及し，今後の保育内容の方向性の示唆を得ることを目的とする。

1　保育内容変遷の概要

(1) 保育制度にみられる保育内容の変遷

　わが国における就学前教育，すなわち幼稚園教育の草創期は1872（明治5）年公布の学制の発足に始まる。その内容は，学制22章「幼稚小学ハ男女ノ子弟六歳迄ノモノ小学ニ入ル前ノ端緒ヲ教ルナル」と述べられ，幼稚小学という名称で小学校前の教育機関として規定された。しかし，実際にはこの「幼稚小学」は存在しなかった。実際に小学校以前の教育機関としては1875（明治8）年に京都第30区小学校（後の柳池小学校）校舎内に幼児遊戯場が設立され，1876（明治9）年に東京女子師範学校附属幼稚園が創立された。この幼稚園は官立ということで全国的に大きな影響を与えた。保育内容についても同様である。その後1879（明治12）年には教育令が公布され，その第1条で「学校幼稚

園書籍館等ハ公立私立ノ別ナク皆文部卿ノ監督内ニアルヘシ」と規程され，はじめて「幼稚園」を制度上の名称として位置づけた。幼稚園はその後増加し続け，1898（明治31）年には国立１，公立173，私立55園で総計299園，２万人以上の園児が通園することとなった。就園率は0.9％であった。

　このようななか，保育内容は徐々に整備され，1899（明治32）年６月には「幼稚園保育及設備規程」の制定がされた。この規程のなかで保育内容に関するものとして，第６条に「幼児保育ノ項目ハ遊嬉，唱歌，談話及手技トシ左ノ諸項ニ依ルヘシ」のように，４種類の「項目」が内容として示されている。さらに，それぞれの保育項目について次のような説明が付されている。まず，遊嬉については，「遊嬉ハ随意遊嬉共同遊嬉ノ二トシ随意遊嬉ハ幼児ヲシテ各自ニ運動セシメ共同遊嬉ハ歌曲ニ合ヘル諸種ノ運動等ヲナサシメ心情ヲ快活ニシ身体ヲ健全ナラシム」として，２種類の今でいう運動遊びと音楽にあわせた遊戯である共同遊戯をさしている。次に唱歌は，「唱歌ハ平易ナル歌曲ヲ歌ハシメ聴器，発声器及呼吸ヲ練習シテ其発育ヲ助ケ心情ヲ快活純美ナラシメ徳性涵養ノ資トス」とされ，次に談話では，「談話ハ有益ニシテ興味アル事実及寓言，通常ノ天然物及人工物等ニ就キテ之ヲナシ徳性ヲ涵養シ観察注意ノ力ヲ養ヒ兼テ発音ヲ正シクシ言語ヲ練習セシム」とされている。最後に手技では「手技ハ幼稚園恩物ヲ用ヒ手及眼ヲ練習シ心意発育ノ資トス」とある。

　このように，はじめて法令で幼稚園の目的と内容が明示され，保育内容は，「談話・手技・唱歌・遊嬉」という４項目となった。これらの内容を中心に時間割を定めて保育を実施していた。その保育形態は，まだ生活のなかでなされることはなく，１時間ごとにこれらの教材を教える方法をとっていたようである。

　具体的な内容は，「遊戯」では，歌にあわせて行進したり，振りをする活動で「風車」「てふてふ（蝶々）」や，「談話」では，いろいろなお伽噺，修身訓話，「手技」では，六球，積木，板排，箸排，環排，書方，繋方，縫取，貼紙，織紙，摺紙，豆細工，粘土細工等，毎週の保育時間の配当表によって計画的に行われていたらしい。これは，フレーベルの恩物が全国的に普及していった様

子を示している。

　1926（大正15）年には，歴史的展開で最も重要だとされている幼稚園に関する単独の勅令として「幼稚園令」が公布される。ここでは，保育内容として，同施行規則第2条に「幼稚園ノ保育項目ハ遊戯，唱歌，観察，談話，手技等トス」と制定され，これまでの4項目に加えて，「観察」が付加され，「遊嬉」が「遊戯」（下線筆者）に変更された。さらに最後に「等トス」とされ，保育内容の幅ができた。

　この時代には倉橋惣三の生活主義による保育，そして「誘導保育論」といった幼児教育論が注目されていた。具体的には，遊戯では，自由遊びとして，おにごっこ，かくれんぼ，すもう，滑り台，ブランコ，積み木，砂遊び，ままごと，電車ごっこ，お店ごっこ等，ごっこ遊びや模倣遊戯がみられ，その他律動遊戯ではリトミック，表情遊戯，ダンス，創作舞踊，音楽や唱歌を伴った集団遊戯も盛んに行われたという。唱歌は，身体を大きく動かした遊戯と唱歌が一体となったものが多くなされ，「お手々つないで」「からす」「どんぐり」「夕日」「むすんでひらいて」「夕焼けこやけ」等の歌が好まれたとされている。さらに，「観察」では，周囲の自然物や日常の器具物品その他人の仕事などに関する観察や戸外の家畜や小鳥の飼育，草花の栽培，金魚やおたまじゃくしの飼育，水栽培が行われた。1928（昭和3）年には観察絵本「キンダーブック」が編集・出版された。「談話」では，昔話，童話，科学的知識が材料となり，「桃太郎」「七匹の小山羊」「時計」「楠正成」「靖国神社」などの歴史的史実も語られた。それは，紙芝居，ラジオ，レコード，人形芝居等「会集」で行われることも多かった。さらに「手技」では，折り紙，貼り絵，豆細工，縫い取り，紙，きびがら，麦わら，竹，落ち葉，粘土，ごっこ遊び製作，動物園，時計の製作，八百屋の製作，自由画が行われていた。

　たとえば，昭和初期の兵庫県内の公立幼稚園では，一日は，厳密な時間に区切られたものはなく，幼児を迎え，自由遊びをしてその後全体の会集，そしてお帰りという流れで過ごしていく。たとえば，5月2日には，園庭に大きな鯉のぼりを上げ，鯉のぼりの歌をうたい，楽隊遊びをして，また自由遊び，そし

てキンダーブックを手渡してお帰り，という内容である。概ね保育時間は4時間程度であったらしい。現存している当時の資料によると，毎日のように唱歌，あるいは歌にあわせた遊戯「唱歌遊戯」を実践している。これについては，後述する。

　教育制度の改革を受け，保育内容も変化する。1947（昭和22）年「学校教育法」が公布され，幼稚園令が廃止されて幼稚園は学校教育として出発する。幼稚園の目的として「幼稚園は，幼児を保育し，適当な環境を与えて，その心身の発達を助長することを目的とする」と明示されている。内容は，「健康，安全」に配慮し，日常の習慣を養うこと，「集団生活」のなかでの自主・自律の精神の芽生えを養うこと，はじめての「社会生活」のなかでの正しい理解と態度の育成，「言語」に関する指導と興味を養うこと，「音楽・遊戯・絵画等」の創作的表現への興味を養うことが示され，現在の幼稚園教育要領に継承，反映されている。

（2）唱歌遊戯の史的変遷

　ここでは，保育内容の一つである，唱歌遊戯の歴史的な変遷を概観し，その編成原理を考察する手がかりを得たいと思われる。

　わが国の保育内容としての唱歌遊戯の登場は，1876（明治9）年11月の東京女子師範学校においてである。それまでは，歌と遊びが同時に行われるものとして，わらべ歌遊びとして自然な幼児たちの遊びとして巷で行われていた。しかし，それを教材として新たなる幼稚園教育の保育内容として取り入れることはなく，外国から持ち寄った書物から翻訳・導入した。その多くは，フレーベル主義に基づいた遊戯であった。これらの遊戯がわが国ではじめて紹介されたのは，1874（明治7）年の文部省雑誌第27号であった。そこには，「幼稚園演習方法ノ註解」として，アメリカ視察の報告が掲載されている。そのなかで「風車，水車，遊魚，農夫」などの遊戯方法が紹介されている。また，当時わが国では，伊澤修二が1874（明治7）年の愛知師範学校校長時代に，下等小学校で唱歌遊戯を実施することを「唱歌遊戯ヲ興スノ件」で述べ，実践例として「椿，

胡蝶，鼠」を提示している。また，輸入された文献の翻訳として，ドイツのフレーベル幼稚園の保育内容が大いに参考とされた。なかでも，1877（明治10）年翻訳出版の『幼稚園（おさなごのその）』（1～3巻）や『幼稚園記』（1～4巻）は，いずれもフレーベル主義の継承である幼稚園教育理論および方法が示され，具体的な唱歌遊戯も紹介されている。しかし，それは，歌詞と遊戯方法だけが抄訳されており，翻訳本には原著にある楽譜はすべて削除されていた。実際は，これらの内容を参考にしながら当時の状況にあわせて保育者が作りなおし，曲は雅楽調のものが作曲され，行われていた。それは，『保育唱歌』としてわが国独自で編纂されたものであり，内容は「風車，遊魚，家鳩，六ノ珠」などであった。遊戯は，古謡といわれるゆっくりした動作のものであった。

　明治20年代になると，唱歌遊戯が国内で作成されるようになる。生成・発展期ともいえよう。明治20年代では，「風車，水車，蝶々，蛙，雀，門」といった作品が多くの著書にみられ，明治期をとおして長く教材として残っていく。これらの遊戯の目的として，「七歳ノ児童ニアリエハ筋骨未ダ充分ナル発育ヲ為サズ運動ヲナスヲ愉快トス」などのように，年少児にとって体操よりも軽度で適度なものであり，唱歌にあわせて動く楽しさがあるからとされている。遊戯の方法は，「風車」では，円陣のなかに8人の幼児が十字に手を組み，風車を模して雅楽調の唱歌に合わせて歩く方法や「ここなる門」では，唱歌の拍子に合わせて2人の幼児でつくった門を通り抜けるという内容である。それらは，歌詞の変化にかかわらず，同じ隊形で歩くことが繰り返される。なお，この時代の特徴として，明治30年頃には，「軍隊遊び」のような戦争題材がみられるようになる。さらに，勧学，友好などの徳目的，教訓的な内容もみられる。また，唱歌遊戯に関する著書もさらに増加し，作品も200を超えるようになる。なかでも，「お月様，桃太郎，カラス」のような作品は，以後継続してあらわれる。これは，幼児の興味，関心，自然界の現象，日常身近な小動物，植物に目をとめ，それを題材として選ぶという，作者らの姿勢によっている。反面，「必勝曲」「いでや兵士」などの戦争に関する題材も増え始める。また，「忠孝」では，題材は雀であっても，その歌詞の内容は「天皇様に忠々々」「皇后

様に孝々々」というように教育勅語の忠君愛国の精神を歌ったものとなっている。明治後期には、このような傾向の歌詞による唱歌遊戯がつくられ、当時の教育的な意図を組み込もうとした意図がうかがわれる。

　大正・昭和前期には、世界的にも新教育運動が盛んとなり、幼稚園も倉橋惣三の影響で幼児の自発性と遊び中心、誘導保育論による保育方法が行われるようになった。このような傾向から『コドモノクニ』の絵本に童謡や振り付けがみられるようになる。唱歌遊戯も土川五郎の「律動的表情遊戯」が提唱される。土川の遊戯は、「感情を基礎としたる遊戯」であり、野口雨情作詞、中山晋平作曲によって遊戯を創出していった。これまでの国民教化主義から脱し、伝承的自然感覚の世界をもち、情緒的な作品となった。動き方は、曲線的なゆっくりした動きで号令的な拍子から解放された新しい動きの気配が時代の息吹を感じさせる。このように、リズムの捉え方にも変化がみられた。リズムと動きの一致から幼児が快感を得るようなものを考えてつくられていった。土川は、当時流行していた童謡についておとながつくった感傷的なものと、本来幼児の心を歌っているものについて、批判している。また、幼児の心と体にあった作品として、原始的で直線的な太い線によるもの、しかも動きとしては、荒削りの彫刻のようなものがふさわしいと提言している。音の高さや動きの連動による運動や動いて心地よい伴奏音に配慮すべきであると述べている。

　昭和の戦前・戦後をとおして遊戯界で活躍したのは、戸倉ハルである。戸倉は、1927（昭和2）年には「童謡遊戯」として、幼児の純粋な自然を見る目から産み出された詩である童謡に意味づけられた物語としての遊戯であるとしている。そして、幼児の自動性、有動性、活動性を生かし、幼児の自発性や模倣的本能を大いに用いて伸ばすことこそが本当の教育的使命であるとしている。唱歌遊戯も唱歌を伴う表現的動作によって、全身の発育と健康の助長、快活な精神の育成をめざすべきであるとしている。当時の遊戯については、技巧に凝りすぎ、幼児自身の表現が少ない、おとながやらせているにすぎないものであり、手足の運動が細かく、あまり幼児の身体表現としてふさわしいものといえない、とされている。昭和になると、もっと大きな動作で無邪気で快活な、そ

して優しい感情を込めた振りを含めた作品が創出されるようになる。それは，今まで決まりきった振りであったものが，幼児の自身の自由性に基づく振りを加えたものへと変化するところにもみられる。さらに，幼児の遊びのリズムに着目し，「鬼ごっこ」「まりつき」「なわとび」など幼児が歌いながら遊ぶ姿，身体を十分動かす様子，さらには「虫取り」の動作など，さまざまな幼児の生活を遊戯作品として創出していった。これは，作品をとおして幼児に再体験してほしい心情をも含められている。この「お遊戯」は，戦後すぐの幼稚園教育要領では「形にはまった遊戯」として批判され，刷新された保育内容としてはふさわしくないともいわれた。しかしながら，1965（昭和40）年頃まで戸倉作品は全国的に流布され，一斉を風靡した。現在では，以前にくらべると，保育全体に占める割合は少なくなったが，それでも歌いながら身体を動かす遊戯は，日常的に幼児に愛されている。

2　時間割と保育内容

（1）明治期——時間割の出現

　明治30年代に保育内容が限定されるとともに，時間割によって幼稚園で実施されていった。現在では，幼児の生活の流れを重視し，時間割やチャイムはほとんどない。時間割の有無は，教育する側がつくった枠に幼児を当てはめようとする発想から幼児の生活リズムを重視しようとするといったように，その背景には幼児に対する考え方の変化をみることができる。そこで，時間割が明治期から大正・昭和にかけてどのように変化していったのか，その概要を示そう。

　明治期の幼稚園では，明治30年代に時間割が出現する。その内容は，前述したような「遊嬉，唱歌，談話，手技」の保育内容に応じて，年齢ごとに毎週の時間が割り振られ，曜日と時間に合わせてそれらが並べられている。それは，幼稚園の基礎でもあるとされていた。たとえば，京都のある幼稚園では，主に恩物を教材とし，机の上で行う時間配分までされている。恩物の「六の球」を3歳児の前半に週1回30分行い，4，5歳児では行わない。また，「板排」は

板を並べるものだが，週2回3歳児前半は60分，4，5歳児は週1回で30分の活動を行っている。縫い取り，豆細工などは，3歳では行わないが，4，5歳児で徐々に週1回30分の活動としている。

　以上のように，活動によって細かく時間が配列されている。日々の保育時間は，一日4時間半であり，土曜日は，2時間半である。保育内容の時間の割合は，外遊びである戸外遊戯共同遊戯が全体に半ばを占め，食事時間1分，手芸は1分5厘，残りはほかの保育にあてている。

　明治期の京阪神の幼稚園の適当なる保育時間割として，9時開始で20分ごとに「会集」「外遊」があり，「唱歌，説話」は30分，その後の外遊びが20分のモデルが示されている。このスケジュールは，月曜日から土曜日まで繰り返される。10時半から11時までは，「手技」と「内遊」のどちらかが行われる。その後，食事までの30分は外で遊び，食事をはさんで外遊びが続く。午後は1時まで遊び，帰りの30分は手技をやって食事時間の30分を除く4時間が保育時間となる。このように，20～30分の小刻みな日程であるが，緩急を考えた外遊びを中心とした時間割であることがわかる。また，1903（明治36）年には，多くの幼稚園で上記の4種類の保育内容を1日5時間（含む食事時間），30分ずつに分けて配当しているという記事がある。その内容は，8時から30分の間，歌をうたい，次の30分即ち9時までは遊戯，次の30分は手技次は談話と続く。一人の保母が40～50人の幼児を集めて保育を行うというように，30分を単位として実際に保育が行われていた。

　また，1906（明治39）年には，東京女子師範学校の附属幼稚園での実際の保育の方法として，満3歳からの入園であり，クラスを分けて保育が紹介されている。そこでの保育の内容は，遊嬉，唱歌，談話，手技であり，各事項に配当する時間の割合は，1日のなかで遊嬉におおよそ3時間，唱歌・談話・手技を合わせておおよそ1時間というように，遊嬉の時間が多くとられている。この遊嬉の時間については，幼児の心身の状況をみて，小学校での休み時間にあたるようなものを考えた遊戯を行うことを，保育者の注意のもと行うことが強調されていた。

第10章 保育内容の変遷と時間割の変化

表10-1 明治34年 龍野幼稚園時間割

	六曜	月曜	火曜	水曜	木曜	金曜	土曜
第一時		唱歌	共遊	唱歌	共遊	唱歌	共遊
第二時		摺紙	板排	積木	環排	箸排	談話
第三時		談話	全	随遊	談話	随遊	唱歌

(出所) 龍野市立龍野幼稚園『創立百周年記念誌』1991年をもとに作成。

　明治期の時間割は，1898（明治31）年以降のものであり，明治期後期になって出現したものと考えられる。それは1899（明治32）年に制度として整備され，雑誌等にも紹介されることで，各地域に拡がっていったことがわかる。これは，当時の幼稚園設立の増加とも関連していることが推測される。その内容は，遊嬉，唱歌，談話，手技の4科目の配列と，昼食時間を含む5時間以内の保育時間の割り振りによるものである。これらに準拠しているのは，いずれも公立幼稚園が多い。当時の幼稚園の主旨は，小学校とは異なる幼児独自の教育内容，方法がとられるべきであるとしている点で幼児への特別な視点が見出され，明治期に移入されたフレーベルの思想と内容への咀嚼を行おうとしているのをみることができよう。明治期にはじめてできた幼稚園という幼児のための教育機関として，幼児の生活を規則正しくし，基本的な生活リズムを身につけさせ，内容も幼児に適切なものを教育の一環としてきちんと配列し，学べるようにすることをめざしていたことがわかる。すなわち，時間割は，幼児に一日の秩序を与え，内容を十分に習得できるよう配置することを目的としているのである。このように明治期から幼児の特性を鑑みた教育的内容を考慮した幼児教育への視点は，大変意義あるものであったと評価できる。しかし，一方で時間割の出

現は，幼児教育の内容，方法にある程度の型をつくり出したといえよう。その結果，各幼稚園での保育内容の水準は保たれるものの，画一的な内容・方法となっていったことは否めない。

　さて，現在の幼稚園は明治期のような時間割は存在しない。保育者としては，背後で綿密に計画を立てているのだが，環境を通してねらいを達成することが現行の「幼稚園教育要領」にも示されているように，幼児自らが自発的に生活をつくっていくことを援助することが保育者の役割としている。換言すれば，保育者は，自分の時間割をもちながらも，臨機応変にその時の幼児の生活リズムを考慮しているのである。

　表向きの時間割の消滅はいつ頃からおこったのであろうか。明治以降，倉橋惣三の出現により，保育案と時間割の相違が明確に示された。彼は，時間割を保育案と混同しそれを重んじて保育する幼稚園を「あてがいぶち幼稚園」と呼んで批判している。倉橋の時間割の考えを考慮し，大正期の時間割について次に述べよう。

(2) 大正期以降——時間割の消滅の意味

　明治期に現存していた保育時間割は，いつ消滅し，それはどのような保育原理に裏打ちされたものであったのだろうか。大正から昭和前期を区切りとして，時間割に焦点をあててその状況を明らかにし，時間割が表面的に見え隠れする保育上での意味を考察したい。

　大正期には，富裕な幼児が幼稚園に，貧困家庭の幼児が託児所に，という流れがあった。しかし，これは幼児を差別する考え方が潜在し，この克服の機運として幼保一元化の主張が出，その結果が1926 (大正15) 年公布の幼稚園令に反映されているといわれている。その保育内容としては，幼児教育の自由化を主張した東京女子高等師範学校教授であった中村五六や助教授の和田実らによるところが大である。その保育観は倉橋惣三へと継承されていく。一方，1887 (明治20) 年創立の神戸市の頌栄幼稚園のハウによりフレーベル教育論も形式的な恩物から幼児の生活・活動，幼児の自律性の涵養を重んじるようになり，さ

第10章　保育内容の変遷と時間割の変化

らにほかの幼稚園ではモンテッソーリーの教育法も取り入れられていくが，この時代の保育内容は，当時の東京高等女子師範学校における倉橋惣三の「誘導保育論」である生活主義の幼児教育論が注目されていた。倉橋の保育論における時間割についての考え方を検討してみよう。

　倉橋は，大正・昭和初期には当時の幼稚園について多くの提言をしているが時間割についても次のように述べている。明治期の継承として時間を分けて順に保育を実施していったことについて，時間割と保育案とはまったく別のものであるとしている。時間割については，割合を四角のこまのなかへ，落ち度なく並べるものとし，保育案を運用してゆくうえの心覚えとして時間割が出してあるに過ぎないと述べている。

　このように時間割は保育案の代用になるものではないとしながらも，時間割の必要性については，生活のきまりとしての時間割の必要性を強調している。時間割が幅をきかせているならば，時間割は生活をもととして，時間割へ教育をもってゆく保育法であり，本来あるべき保育に全く反するとしている。それよりも幼稚園は，まず幼児自身の生活を主にするものであり，幼児が時間にあわせていく保育はできないはずであるとしている。そこで幼稚園の先生として毎日大事なことは，幼児が帰った後，その一日の自分のした保育が，実際に幼児によってどう行われたか，幼児たちがどう生活してくれたかを振りかえることであり，それは，幼児が帰った後の先生の反省でもあるとしている。そして，このためにも，その子その子の生活時間割はなくてはならぬこととしている。保育の内容の変化はもたせるが，それが区切りで切れぎれになることは避け，流れのある一日を幼稚園の生活の基本とすることを繰り返し述べているのである。

　このように，倉橋は，時間を主として，時間に支配されるような時間で区切られた保育内容の細切れ的な時間割は否定している。一日の流れのなかでも，個人の時間割を基盤としたきまり，また生活時間割は必要であり，またクラスの生活の流れが見られるような時間割観をもっていたと思われる。倉橋は，保育のあり様について生活を中心としたものとし，幼児の自然な流れのなかで，

表10-2 大正期の神戸幼稚園の流れ

保育項目の配当	時間割		
1 整頓及び整容	自8時50分	至9時	10分間
2 幼児の談話	自9時	至9時10分	10分間
3 会　集	自9時10分	至9時30分	20分間
4 行進（体操,深呼吸,自由遊び）	自9時30分	至10時10分	40分間
5 自由遊び	自10時10分	至10時40分	30分間
6 遊具遊び	自10時40分	至11時10分	30分間
7 自由遊び	自11時10分	至11時40分	30分間
8 聴覚練習	11時40分より約3分間		
9 食事	およそ40分間		
11 視覚練習	1時10分より5分間		
10 自由遊び	自0時30分	至1時10分	40分間
12 手技	自1時15分	至1時45分	30分間
13 帰り支度（整容）	自1時45分	至2時	15分間
14 帰宅			

（出所）『神戸幼稚園100周年記念誌』1991年をもとに作成。

保育者があるねらいをもって誘導する「誘導保育」を展開する。その計画は時期に応じて綿密に立てられ，あたかも幼児がその活動を好んで行うがのごとく，自発性をもたせながら学ばせたいことがらを幼児の生活に忍び込ませる環境，援助を行っていくのである。倉橋の時間割論は教師側でもっておくべき個々の幼児に対応したものであることがわかる。したがって，明治期の「表にあらわした時間の区切り」による保育内容を並べたものは，必要ないどころか，幼稚園ではできないことであり，そのまま進められるとしたらその保育そのものがおかしいものであることを示しているのである。このように，倉橋は幼児の生活のリズムを重視した保育の流れをまず考えていた。このような，当時の保育に対する考え方にのっとって，時間割はその様相を変化させていくのである。

　大正期の神戸市のある公立幼稚園の時間割では，明治期までの画一一斉保育から個人保育へと変化し，それまで行ってきた時間割保育が生活基準保育に大きく様変わりした。保育や生活が保育者中心から幼児中心へ変化し，模倣中心から創意工夫へ，そして室内保育から屋外保育へと変わっていったことが記されている。

　保育項目と時間割についても保育4項目（遊戯・唱歌・談話・手技）の遊び

第10章　保育内容の変遷と時間割の変化

表10-3　揖保幼稚園　昭和19年　参考書類綴にみる時間割

時刻	一應の区切り	
八.三〇	自由登園	楽しい幼児の活動
九.〇〇	入室準備	合図によりお便所へ行く　手を洗う
九.四〇	組別朝の集い	挨拶　状況調べ
九.四五	會集	リトミック・リズム遊び　紙芝居・遊戯
九.五五	自由遊び	各グループ毎に製作をする相談　幼稚園・學校・汽車・お店　できた順に配置する
一〇.三〇	組別保育	観賞　お片づけ　お歌・汽車
一一.二五	組別帰りの会	遊びの反省・捺印・帰りのお歌
一一.四〇	組別降園	お友達同志仲良く降園

　の内容が漸次研究され，時代とともに進歩し，遊戯には唱歌のほかに律動・競争遊戯等が加わり，また自主活動を重じて自由遊びが盛んになってきたことが実態としてみられるようになったとされている。

　このように，時間の区切りはみられるが，それは一応の目安であって，厳密に守らなければならないものではない。時間的区切りから，生活の流れへともいうべき変化は，倉橋のいう「あてがいぶち」保育から幼児の主体的な生活を中心としたものへの変化であったとみるべきであろう。共通して，個々の幼児への朝の観察と自由遊び，全員での「会集」（集まり）が組み合わされている。帰宅の直前や昼食をはさんで，唱歌の練習や，手技等30分程度行っている。保育内容を「教える」という方法ではなく，幼児の活動のなかに教育的な意味を見出し，さらにそこに焦点づけて導くような手法がとられているといえよう。幼児の生活のリズムを中心とした，この時期の幼児によりふさわしい時間割であるといえる。この傾向は，昭和期へも受け継がれていく。

　龍野市の公立幼稚園には，明治・大正・昭和にわたって，毎日の実際の保育

の記録である保育日誌が現存している。そこで，その実態を，入手可能な1929（昭和4）年から戦前の44年までの保育記録を中心に検討すると，保育内容として，まず「会集」（集まり）が，自由遊び，遊戯と並び保育のなかで重要なものになっていることがわかる。この傾向は，1935（昭和10）年以降さらに顕著になる。1939（昭和14）年以降は，会集日誌が別に記録されており，そこでの内容が毎日記録されている。それらを概観すると，昭和前期の時間割は，大正期の時間割を継承し，幼児の生活の流れを重視したものとなっていることがわかる。大正期に比して全員が集まる会集がさらに増えている。これは，保育内容にも関連している。すなわち自由遊びも行われるが，当時の世相を色濃く反映し，全員で歩行訓練，並ぶ訓練等会集で幼児全体を指導するものが，日々の保育に含まれるようになっている。

（3）時間割にみられる編成原理

以上，明治期から昭和前期までの時間割の変遷を概観してきた。明治期の時間割は，明治期後期になって出現したものと考えられる。それは1899（明治32）年に制度として整備され，幼児の生活を規則正しくし，基本的な生活リズムを身に付けさせ，保育の内容をきちんと配列し，学べるようにすることをめざしていた。大正期前半は個々の幼児の心理に出発する保育の考え方が流行したが，大正期後半からは幼児の生活を，あらゆる具体的な意味のもとに，教育に導いてゆこうとするものが保育であると述べ，それを生活主義と称している。

このような背景のもと，明治期の四角の枠にはめられた保育内容の羅列の時間割は姿を消し，大正期後半からは今まで述べてきたような幼児の生活の流れが見出されるようになる。保育内容は「一応の区切り」として時系列に並べられるものの，それは，明治期に比してずいぶんとゆるやかなものとなっていく。今回の限定された地域の時間割を見ても，1919，20年には幼児個々の心理状況を知ろうとし，幼稚園令公布3年前の1923（大正12）年には，幼児全体の生活の流れとして幼稚園生活をとらえようとしている。それらは日々の保育の記録から見出されるもので，毎日保育後に記述される保育日誌のほかに，個々の幼

児の観察記録が残されている。それは、幼児の活動を表面的にとらえようとする以上に、その内面的なリズムをとらえ、幼児の生活をもとに教育を考える姿勢であり、保育に欠かせないものとなっている。

　幼児教育における時間割の変遷を明治期に継続し、大正・昭和前期にわたってみた結果、時間に沿った保育活動が幼児の生活リズムをもとに保育をとらえる方向へ変化していることが明らかとなった。この傾向は現在でも継承されている。すなわち、多くの幼稚園では、小学校とは異なり生活主義に基づいた保育の流れが中心である。このように、保育内容は時代の要請に応じて徐々に変化しているが、幼児の生活のリズムを重視した時間の流れとしての時間割は、大正期に芽生え、現在に継承されていったものであることがわかる。また、保育内容の変遷とも重なる。時代を経るに従って、堅い内容から子どもの興味・関心を中心としたゆるやかなものへ、明確な時間の区切りからゆるやかな時間の流れへ変化していったことがわかる。さらに、表面的な事柄に着眼することから、幼児自身のもつリズム、生活の流れといった内面的なものを重視していったことも見出せた。なお、幼児が皆で一斉に同じことをすることから個々人の気持ち、リズムを尊重していく方向へと変化していったことも見逃せない。

　これらは、保育内容における目的を獲得させるために、幼児が存在するのではなく、保育内容を通して幼児が育つことを原理とする方向性で幼児教育が発達していたことが保育内容の歴史から読み取れよう。

学　習　課　題

○時間割はなぜ大正期から変化したのだろうか、その意味についてまとめてみよう。
○幼児教育の特性としての時間割のなさがあるが、保育内容との関連から意味を考えてみよう。

参考文献

倉橋惣三『幼稚園真諦』1953年（復刻版『倉橋惣三全集第一巻』フレーベル館，1965年）。

京阪神聯合保育會『京阪神聯合保育會雑誌』1901年（復刻版　臨川書店，1983年）。

神戸市立神戸幼稚園『神戸幼稚園100周年記念誌』1987年。

名須川知子，田中亨胤「明治期の幼稚園における保育時間割の研究――京阪神地域を中心に」『兵庫教育大学研究紀要』第23巻第1分冊，49-57，2003年。

名須川知子「遊戯作品にみられる動きのリズムに関する研究――明治期から昭和前期まで」『保育学研究』57-63，2003年。

名須川知子，田中亨胤「大正・昭和前期における幼稚園における保育時間割の研究――龍野市龍野幼稚園を中心に」『兵庫教育大学研究紀要』第24巻第1分冊，49-58，2004年。

文部省『幼稚園教育百年史』ひかりのくに，1979年。

（名須川　知子）

第11章 特色ある保育内容と実践

　特色ある保育内容とは，子どもと各園の教育課程・保育計画における重点となる保育内容のことである。子どもの実態・保護者の教育的ニーズ・地域環境や文化性を考慮した上で，子どもの育ちが明確に保障され，核となる保育内容としてクローズアップされてくるものが，特色となる。教育課程・保育計画に位置づけられた特色ある保育内容は，その園ならではの味のある「幼児の生活」として，繰り広げられていく。

　「幼稚園教育要領」第3章には，次のように記されている。「幼児の生活は，家庭を基盤として地域社会を通じて次第に広がりをもつものであることに留意し，家庭との連携を十分に図るなど，幼稚園における生活が家庭や地域社会と連続性を保ちつつ展開されるようにすること。その際，地域の自然，人材，行事や公共施設などを，積極的に活用し，幼児が豊かな生活体験を得られるように工夫すること。」これはつまり，地域的社会的実情に応じた保育をそれぞれの幼稚園が，考案していくことの必要性を明示している。

1　保育内容の質と変化

　ここでは，地域の環境について，幼稚園で2年間のカリキュラムの中核に置いた，H県T市S幼稚園における実践事例をあげる。

　身近な地域環境から，人と自然や生き物の共生と，みんなが環境を守る取り組みを担う参加に気づき，自分にできることを考え，行動を起こすことができる幼児をめざした保育実践である。

(1)「環境を通して行う」保育

　幼児期は，子ども自らが環境に働きかけ活動を展開するとともに，環境から刺激を受けてさまざまなことを体験する。こうした体験を積み重ねながら，幼児は学び育っていくのである。この時期に，園内外の環境とのかかわりを通じて，幼児期にふさわしい生活を送ることが，子どもの人格形成にとって大きな意味をもつ。

　保育者には，子ども自身が環境とかかわって遊びを展開しながら豊かな体験を積み重ねていくための状況づくりが求められている。個々の子どもの実情に応じた適切な支援も必要である。このような意識を，保育者自身が保育を計画する上で把握して，保育実践することによって，質の高い保育実践が展開されることとなる。

(2) 地域の環境に目を向ける

　子どもの生活圏は，家庭・幼稚園・身近な地域が主である。S幼稚園では環境のなかでも，とりわけ子どもとかかわりのある地域環境に焦点を合わせて，子どもが主体的に遊ぶ環境・柔軟で応答性のある環境のあり方の工夫を保育の軸としてとらえていった。保育実践上の地域環境のとらえは，地域での活動のなかから保育のねらいや内容として焦点化できるもの（求心性）と，保育のなかから，地域での活動に広がるもの（遠心性）で，この2つの視点を明確にもって指導計画に位置づけ，実践を進めていった。このことは，目的をもたずに地域に出かけて行き当たりばったりで保育を進めるのではない，保育の見通しやビジョンをしっかりともち，出かけていくことの意義を明らかにした地域散歩としての位置づけを意味している。地域のさまざまな環境にふれる生活は，園のなかでの保育へと焦点化したり，園外での保育へとふくらみをもたせたりすることになる。

（3）環境から学ぶ

身近な生き物との触れ合いを通して　幼児は生活のなかで身近な動植物と触れ合うことにより，さまざまな感覚を働かせ，感性を育んでいく。園周辺で見つけてきた生き物を，園で飼育するなかで身近な環境のなかには，人以外にも大切な命をもっている存在があるということに気づく。

たとえば，6月，ザリガニを捕まえて園で飼育することとなる。当初，ザリガニは子どもにとって見たり触れたりできる不安や感動を与える存在であり，この出会いは貴重な直接体験である。しかし，一人の子どもの言葉から，保育者に疑問が生じてきた。

　　……わぁ，おもちゃのブルドーザーだ……（子どもとの確かめ合い）
　　T：ザリガニっておもちゃなの？
　　C：うん，動くもの。
　　C：ちくわ持っていくと，ハサミで挟むからブルドーザーみたいでしょ。
　　T：おもちゃは物だね，ザリガニも物なの？
　　C：物だと思う。どっちも動くもの。
　　C：でも，おもちゃは何も食べないよ。
　　C：ザリガニはちくわ食べてるね。
　　T：ちくわあげなかったらどうなるかなぁ。
　　C：お腹がすいてフラフラする。
　　C：僕らと同じだ。
　　C：でも私は物じゃないよ。生きてるもの。
　　C：物は物でも僕らは，生き物だよ。

　　T：生きてるってどういうこと？
　　C：命があるってこと。
　　C：食べ物食べないと，死ぬってこと。
　　T：ザリガニも死ぬのかな。
　　C：死ぬよ，食べ物あげないと。
　　C：そっと触らないと怪我だってするかも。
　　C：そうやわ，生きているものねぇ。

自分たち以外に，命のあるものが身近な環境のなかに存在するということを知る絶好の機会であった。一日たりとも世話を休めないという責任の意識が生まれたり，生き物に対する「思いやり」の心が芽生えたりしてきた。この時期に地域の身近な生き物と出会い触れ合うという直接体験をカリキュラムに位置づけることで，次に視野を広げていく体験が想定できていく。

地域の人から地域の語り伝えを聞いて

S幼稚園には，園のすぐ西を流れている下水路（御所川）がある。周辺から登園してくる子どもは，御所川のコイやカメへの関心が話題の中心になることが多い。6月中旬，地域散歩に出かけた時，御所川のコイが数匹弱っていたのに遭遇する。

「どうしてあのコイは，元気がないの」
「大丈夫かなぁ」

この疑問を，自治会長さん（自称クマさん）に答えてもらうことにした。

御所川の移り変わり

40年前，御所川は美しい川だった。多くの生き物が住み，子どもたちは毎日川遊びを楽しんだ。川はこの町の自慢だった。

そんなある日，水田の害虫駆除のため，ヘリコプターが薬剤散布をした。水は汚れ，ドブ川と化し，家庭汚水も流され始めた。

川は，死んでしまったようだった。

クマさんは，これを憂い毎日川の様子を見に行った。ある日，川のなかに小さな魚を見つけた。この川はまだ生きている！　昔のようにこの川を，町のシンボルにしたいと考えた。そこで，
・コイを育てる。
・汚水を川に流さない。
・川岸に花やヤナギを植える。
・川掃除を町の人と，役所の人とでする。
このようなことを考えた。

クマさんの話を聞き，子どもたちは帰り道に御所川を覗き込み，コイの様子や水の状態を確かめていた。

> **子どもたちの声**
> A児：あのコイやっぱりしんどそうだ。
> B児：見て！　あそこジュースの缶だ。
> C児：ひどいねぇ。あれに当たったのかなぁ。
> D児：水が汚れたのと違う？　早くお掃除しないと大変だよ。
> A児：おーいコイさん大丈夫かい？

　地域の方の生の声を聞いた後で，直接自分の目で川のコイを見たことで，子どもの気持ちは「川をきれいにしたい！」「コイを元気でいさせたい！」という思いとなった。コイを気遣う思いにもなり御所川へこれまで以上の関心を高めた。

　このように子どもは，自然に対する感性を，園内外の身近な地域環境から直接的に学ぶことにより豊かにしていく。子どもの発達を考慮しながら，季節・事象・機会を見逃すことなく，その地域環境を大切にした保育内容をカリキュラムに取り入れ，多くの感動体験を味わわせていくことが必要である。

（4）環境について学ぶ

環境を考える絵本の読み聞かせから

　地域環境から直接経験を行ったことをきっかけに，「自分たちの身の回りで何が起こっているのか」を広い視野に立って見つめていく方法として，絵本教材を活用することとした。「町に親しむ」（ゴミのことについて自然破壊の絵本を読む）というカリキュラムの計画に基づき保育を行っていった。実際に取り上げた教材のなかには，自然破壊にとどまらず，自然保護の視点からのものも取り入れて，より広い視野で環境を考えることとした。

> **アンネヴァンダエッセン「もうがまんできないぞ！」概要**
> 　小麦畑にヘリコプターが飛び何かを巻き散らかしていく。主人公のねずみが訪ねる。「いったい君たち，何者だい」。
> ・工場の煙のなかにいるものさ。

- 洗濯物を白くするものだよ。
- 食べ物を腐らないようにするものさ。
- 汚い空気や水に混ざっているものさ。
- お菓子の光を出すものさ。
- 僕らは，豊かな暮らしのなかにも，貧しい暮らしのなかにもいる。
  ねずみが最後に何者かにいう。「きっと，僕は君たちを追い払うからね」。

椋鳩十「におい山脈」概要

　人間が，山を拓き団地や工場を建てたことで，動物たちは食べ物や住みかを奪われた。耐えかねた動物たちは「地球会議」を開くことにした。人間の嫌いなゴミを世界中から集め，山に人間が近づかないようにした。山から，異臭がし始めても，人間は空から香水を噴射し一時しのぎをした。【人間は，地球の王様だ】と自負する人間に，やがて自然界は罰を下す。メタンガスがゴミ山脈から出始める。海もゴミの海と化す。こうして自然と共生したものだけが，汚れた海に飲まれることなく，地上に住むことができた。

　読み聞かせ後の子どもの気づきは，次のようなものであった。

〈子どもの気づきと考え〉
- ねずみさんが出会ったものは，ばい菌だと思うなぁ。
- 山も，川も，みんな周りも，ガスやばい菌で一杯なんだね。
- 今まで，ぽいっとお菓子の袋捨ててたけれど，ごめんなさい。
- 御所川のコイも一杯ばい菌食べてるんだ。
- このままじゃコイ死んでしまわないかなぁ
- 私たちにできることはないかなぁ。みんなで考えようよ。

　ようやく子どもの心のなかで，自然と人と生き物が共生していかねばならないことや，自分にできることを考え環境を守っていこうとする自然保護に通じる思いが，芽生えてきた。絵本から，環境についての知識を得るだけにとどまらず，自分たちのできることを考え，そして実行に移そうとする思いが出てきたのである。

幼稚園の周辺に目を向けて

　自分たちでできることを考え，幼稚園周辺に目を向ける。ここで保育者が，子どもの「確かめてみた

い」という気持ちをタイミングよく取り上げていき，子どもの次の遊びへの意欲につなげることが重要である。6月中旬「ゴミ拾いパトロールに出かける」（幼稚園周辺の溝の様子を点検にいく）とする保育を展開する。

　溝には，多くのビンや空き缶・菓子袋などが落ちていた。
　　〈幼児のつぶやき Ⅰ〉
　　・こんなに捨てたらゴミ山脈になっちゃうよ。
　　・ガスが吹き出さないうちに早くきれいにしてしまおう。
　　・紙は，燃えるよね。缶はどうかな。
　　ゴミを拾い集めたことで，絵本の世界のことは自分の幼稚園の周辺にもあるということを，認識したようであった。
　　その後，2学期に入り，子どもの方からパトロールに行くことを切り出された。この時，子どもの環境に対する思いが，一過性のものでなく継続した気持ちであるとわかった。そこで，10月9日に再びパトロールに行くことになった。
　　〈幼児のつぶやき Ⅱ〉
　　・また，すごく汚くなってたね。
　　・うん。ゴミはほかしたらいけないね。もし，ほかそうしている人を見たら，しないでって，今度からいいたい。
　　・今日は，すっきりしたね。楽しかったから，またみんなでしようね。

　子どもが，地域の自然保護に関心を示し，「自分たちでもできることはないか」と考えたこと，これが自分たちから環境にかかわっていこうとする姿の第一歩になるととらえる。
　「環境について学ぶ」ための，保育者の援助は以下のようなことであった。
○絵本やビデオ・写真などで，環境問題への関心を高めていく。
○自分の生活や身の回りの生活を点検し問題点を見つけ出す。
○子どもの発想を大切にし，実行できるよう援助する。
　ここでの「環境について学ぶ」とは，子どもが，絵本のなかで起こった環境破壊の問題を自分たちの直接経験におろし，そこで初めて人間の責任や自分たちの為すべきことに気づき，保育者とともに，「どうすればいいか」を考え，パトロールや今後の活動へと進める意欲につなげていったことではないかととらえた。

(5) 環境のために学ぶ

2・3年間の生活経験が生かされる時

S幼稚園では，2・3年間の園生活のなかで，子どもは個々の発達に応じたさまざまな経験をする。

年長児3学期には今までの生活経験のため込みが，総合的に表現活動のなかに生かされる。自然物や人とのかかわりも，行事で得た経験も，絵画や音楽・言葉などさまざまな方法を用いて表現することができる。保育者は，2・3年間という長期のスパンで地域の特色を考慮して，子どもに経験させたい保育内容を吟味して，カリキュラムとして具体化しておく必要がある。たとえば，4歳児で経験したミニ絵本作りが，5歳児のジャンボ絵本遊びのきっかけになったり，4歳児の紙飛行機飛ばしが，5歳児の生活発表会の遊びでヘリコプターとして復活したりする。とりわけ，自然物や生き物とかかわった経験は，子どもの心に印象深く残っていく。

地域散歩を行うなかで，「クマさんから聞いた話」が子どもの心に，身近な環境を守ることの大切さとして膨らんでいった。それが，小学校の図工展の光る魚の印象と重なり合い，表現活動（生活発表会）に向けての，学級全体の共通課題が必然性をもち浮上してきた。「タイトルは『もどれふるさとのかわ』」，「クマさんの話」を基盤においた創作劇で，ブラックライトシアターにしたい。」これが，子どもと保育者で考えていった，3学期の保育の創造につながる保育内容の基礎構築であった。

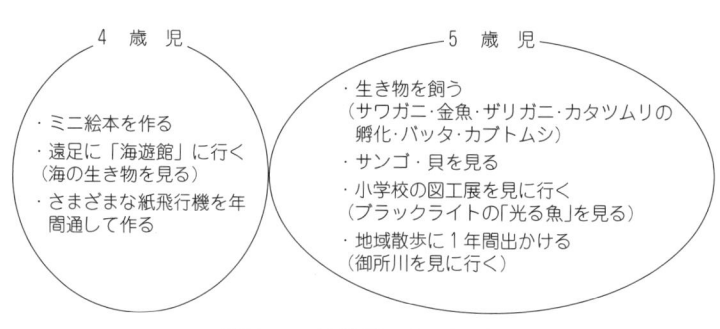

```
     ┌─ 4 歳 児 ─┐      ┌─ 5 歳 児 ─┐

     ・ミニ絵本を作る       ・生き物を飼う
                             （サワガニ・金魚・ザリガニ・カタツムリの
     ・遠足に「海遊館」に行く    孵化・バッタ・カブトムシ）
      （海の生き物を見る）    ・サンゴ・貝を見る
     ・さまざまな紙飛行機を年   ・小学校の図工展を見に行く
      間通して作る           （ブラックライトの「光る魚」を見る）
                           ・地域散歩に1年間出かける
                            （御所川を見に行く）
```

図11-1　生活経験のため込み例

第11章 特色ある保育内容と実践

身近な環境のために　「環境のために学ぶ」，これは，この地域の実態・文化・歴史つまり特色に，子どもが触れて，この地域に生きる者ならではの，地域を守る方法を考え出した時点から始まる。子どもとともに創り上げていった創作劇は，子どもの環境保護に対する感覚研磨を保育のなかで行っていくことの可能性を示唆することになった。

御所川のために考える（真剣な話し合いと登場人物になっての思いの表現）
○川の汚れる原因は何だろう……
　・空き缶やお菓子の袋を，捨てるから。
　・洗濯で汚れた水を流すから。
　・天ぷら油や，うどん・ラーメンの汁でも汚れちゃう。
○汚れた水を飲んだ魚たちどうしたの……（魚のペープサートを持って）
　・苦しいよう，息ができない，動けないし，泳げないよう。
　・汚い水がドンドンやってくる。
　・誰か助けてクマさん助けて。
○自分たちが御所川にしてはいけないことって何だろう……
　・ボールが川に落ちてはいけないから，川の側でボール遊びをしない。
　・おしっこを川にしない。魚が飲んだら大変だ。
　・ビニール袋を捨てると，魚が食べるかもしれない。
○これからどのようなことに気を付けたらいいのだろう……
　・ゴミを捨てようとしている人を見たら，ダメだよって注意をする。
　・お母さんに汚れた水を流さないでと頼む。
　・看板をつくり，みんなに気づいてもらいたい。
　・ゴミはゴミ箱に入れて欲しい。

お母さんは環境に優しいですか　発表会後の，保護者からの反響は予想以上のものであった。環境について子どもと話した家庭が大半を占めるとともに，母親が下水道を確認したり，環境に優しい洗剤や廃物処理を考えようとしたりしていることが，学級懇談会でわかった。「環境を子どもが考えるなんて難しいと思っていたが，子どもは子どもなりに自分たちの視野で，環境について知り，考え，実行してきたということが分かった。親ももう少し自分の周りの環境に優しいお母さんにならねばと，子どもから教えられました」といった声も聞かれた。

「ここは，みんなのふるさとなんだ。川も，田も周りのもの全てを自分たちの手で守っていかないといけないんだよ。大きくなったとき，胸を張って，私たちのふるさとだよと，いえる場所であって欲しいんだ。」

（クマさんの感想）

　地域の人から子どもに，子どもから家庭に，家庭の努力が再び地域へと，循環しながら環境についてそれぞれの立場で考え，行動していくことが，環境のために学ぶということの原点であった。

　1年間を地域環境とかかわるという視点で保育を進めたが，やみくもに地域に出かけていく行為からは地域の特色を活かした保育は生まれてこない。保育の質を高めるには，保育者の社会的な問題に対しての広い視点と保育に導くための発想の転換が求められている。そして，緻密で見通しをもった長いスパンの保育計画を立て実践，検証，省察，再構成していくなかで，その園の重点課題・特色が明確なものとなる。こうした構えを，地道に日々の保育におろすことで，その地域の独自性をもった保育が生まれ定着していくのである。

2　保育内容の総合性

　子どもの活動には，さまざまな意味のある内容が含まれおり，子どもは生活のなかで育つといわれている。生活とは総合的なものである。そこで事例を通して保育の総合性について考察を試みたい。

　次の事例は「じごくのそうべえ」の劇遊びである。この話は上方落語「じごく八景亡者戯」をもとにした絵本である。落語は，近世庶民の生活のなかから生まれた文化であり，伝統話芸である。江戸や上方を中心に発達した市井の人々の哀歓に富んだ生活を基盤にしているので，気の利いた風刺やその時代に生きた先人たちの考えや生活態度を知ることにもなる。このお話の4人の登場人物，軽業師のそうべえ，歯抜き師のしかい，山伏のふっかい，医者のちく庵たちが，地獄に落ちたにもかかわらず，それぞれの特技を生かして苦難を乗り越えていき，生き返るという奇想天外で，ユーモア溢れる話である。

第11章 特色ある保育内容と実践

> **事例1　劇遊び　田島征彦作「じごくのそうべえ」1年保育5歳児（2月）**
>
> (1) 子どもたちは，劇遊びを始めるとき，道具作りからとりかかることが多い。糞尿地獄を表わすのに，牛乳パックを積み上げ，ガムテープでつなぎ合わせて囲いを作り，色を塗ったり，紙を貼ったりしていた。その後，ハエを色紙や画用紙で作り，それを棒の先につけていかにも飛んでいるかのように見せた。また，紙テープを編んで長くしたものをこの囲いにぶら下げて，蜘蛛の巣をイメージしたものもある。火の車は2学期に作ったおみこしに赤い紙や色を塗り，赤のセロハン紙をつけ，さらに燃えている感じを出したりしていた。そして，火の車のおみこしを担いでいる横からセロハン紙をうちわで扇ぐ子どもがいた。燃えている感じをよりリアルに表現しようとした。
> (2) 人呑鬼（じんどんき）が登場するときにはその不気味さを表現するのに，大太鼓を人呑鬼の道具の登場に合わせて鳴らす，音響効果も加わっていった。
> (3) 子どもたちは熱湯の釜の場面が好きである。熱湯の釜は波形ダンボール紙を細長く切って，円形にし，青色や水色に塗ったもので，14，5人は入れる。熱湯に入っていると山伏のふっかいがまじないをかけることにより，熱湯地獄が温泉の湯のようになるのである。鬼が薪をくべて熱湯にしても，ふっかいを演じる子どもがそのつど，まじないをする。なかに入っているふっかい，そうべえ，しかい，ちくあんたちは一列に並んで背中を流し合ったり，泳いでみたり，それぞれが口々に「あ～ええ　ゆ（湯）やわぁ～。わて，おならと出てきたからくそ～て」と温泉気分をたっぷり味わう。それを見て鬼が薪をくべ，ふっかいがまじないをかける。この繰り返しである。子どもたちは好きな場面は満足するまでやらないと次の場面に進まないので，鬼役の子どもが待ちきれなくなって，A児「もう，釜の栓，抜いたで」といって，さっさと釜の道具を片付け，温泉に入っていた子どもたちを追い出して，次の場面に移っていった。後の話し合いのときに，「釜の栓を抜いて，悪いわ」「せっかく温泉に入っとったのに」と栓を抜いた鬼役の子どもに対してみんなから文句が出た。
>
> （H県M市K幼稚園）

(1)では，造形活動が主になっている。イメージしたことをどうやって表現するか子どもの創意工夫が見られる。そのなかで，牛乳パックを積み上げるという活動は，一人ではできない。牛乳パックを積み上げる子どもとそれをガムテープで接着をする子どもが助け合って作り上げた。その上に紙を貼る子どもと個々の子どもが自分の課題を見つけて活動している。これは領域「表現」の「内容（7）かいたり，つくったりすることを楽しみ，遊びに使ったり，飾っ

167

たりする」でもあり，友だちと助け合って糞尿地獄を作り上げようとすることから領域「人間関係」の「内容（7）友達と一緒に物事をやりとげようとするきもちを持つ。」にあたる。

(2)では，人呑鬼が登場するときに大太鼓を鳴らしている。この場面には大太鼓がふさわしいと子どもが選ぶまでには，これまでの子どもの楽器との出会いや，音を試す，探すという音楽的活動がある。これは領域「表現」の「内容（8）自分のイメージを動きや言葉などで表現したり，演じて遊んだりする楽しさを味わう」である。

(3)では，次の場面に進まないことからＡ児の「もう，釜の栓，抜いたで」といって道具を片付けた行為に対して，後で話し合いの場をもつことになった。Ａ児になぜ道具を片付けたのかの訳を尋ねると，「あそこばっかりしてたら，先に進まへん」といい，鬼役の子どもは薪をいくらくべても話が前に進まないので，なんとかしようとしたことがわかった。すると他児が「まじないを何回するか決めたらいい」といい，相談の結果，2回に決まったのである。決まりが生まれたのである。このように劇遊びを友だちと創り上げていくなかで，自分の気持ちや考えを相手にわかるように言葉や行動で伝えようとする。このことによって相手の気持ちや考えに気づき，ともに考えようとする。その繰り返しが他者意識を生み，自分とは違う表現があることに気づいていくことであり，相手を認めていくことにもなる。これは子ども同士の人間関係を深めていくことにつながる。これらは領域「言葉」の「内容（3）したいこと，してほしいことを言葉で表現したり，分からないことを尋ねたりする。（4）人の話を注意して聞き，相手にわかるように話す」でもあり，領域「人間関係」の「内容（5）自分の思ったことを相手に伝え，相手の思っていることに気付く」でもある。

劇遊びには，領域「言葉」の「内容（9）絵本や物語などに親しみ，興味をもって聞き，想像をする楽しさを味わう」であり，お話の世界を想像し，登場人物になりきって楽しむことができる。劇遊びは，5領域すべてが入った総合表現である。どのような表現方法を使っても自由である。やってみたい役を演

じたり，道具を友だちの表現を見ながら，タイミングよく出し入れしたり，音響効果を加えたりしながら，自分の得意なもの，好きなものに気づいていく。自分らしさを発見するようである。その発見は，セリフや身体表現となって表れるのである。

次の事例は，園外保育や料理ごっこから保育の総合性について考察をしたい。園では収穫した野菜（じゃがいも・玉ねぎ・なすび・大根・さつまいもなど）や飼育している鶏の卵を使って料理ごっこをすることがある。それらはただ食べるというだけのものではなく，種をまき，育て，収穫する，世話をするという過程のなかで，多様な経験が意味をもつ。

5月か6月にさつまいもの苗を植える。園の畑でも植えるが保護者の好意によって畑を借りることがある。これは園児の家の畑を借りたときの事例である。

事例2　「さつまいもの苗を植える」（5月）

園外保育をかねて園児の家に向かうのであるが，農村地帯ではこの時期は，稲や野菜の種まき，稲の苗の水やり，田を耕すなど田植えの準備に忙しい。
トラクターを見ると子ども同士が自分の家のトラクターのことで話が弾む。畑に着くまでには，道端の草花や小虫に目を向ける。風の心地良さを感じ，空の青さにも目がいく。畑では，子どもの祖父母が子どもたちに丁寧に芋の苗の植え方を手を添えて教えてくれる。祖父母から土に対して縦に苗を植えた場合は，芋の収穫量は少ないが芋は大きいことや，横に苗を植えれば芋の数は多いが小さいということを教えてもらう。植えるときには，土のなかからミミズや幼虫が出てきて驚く。

（H県M市K幼稚園）

この田植えの様子を見ることは，秋に米を収穫するまでにどれほどの日数と人手がかかり，世話がかかっているかが子どもたちに実感として伝わる。畑に行くまでにも初夏の自然に触れることができる。風，太陽，草花，自然のにおいなど子どもの感性をくすぐるものが多い。畑では，子どもの祖父母に出会い，その人柄や温かさにふれるということができる。祖父母との交流は，領域「人間関係」の「ねらい（2）進んで身近な人とかかわり，愛情や信頼感をもつ」であり，子どもたちがさつまいもの植え方を注意して聞くことは，領域「言

葉」の「内容（4）人の話を注意して聞き，相手に分かるように話す」にあたる。苗を植えた後は園外保育をかねて水やりに行くことにより，田畑の様子の変化に気づいたり，蛙やヘビ，ツバメなどに出会ったりすることができる。園外保育は，園では経験できないような多くの発見や不思議さに出会う機会でもあり，子どもにも保育者にも気持ちのゆとりを与えてくれる。これは領域「環境」の「ねらい（1）身近な環境に親しみ，自然と触れ合う中で様々な事象に興味や関心をもつ」である。

　秋には土のなかの芋がどんなに育っているだろうかと子どもたちは空想し，黙々と土を掘る姿が見られる。芋が土から顔を出すといっそう力が入り，大きな芋を手にしてみんなの前で胸を張って自慢気に見せる。芋掘りは子どもたちにとっては非常に楽しく，躍動的な活動である。収穫した芋を干すときには，大中小と大きさ別に並べて比べたり，数を数えたりする。重さを量ることもある。これは領域「環境」の「ねらい（3）身近な事象を見たり，考えたり，扱ったりする中で，物の性質や数量，文字などに対する感覚を豊かにする」そのものである。

　その収穫したさつまいもを子どもたちが料理するのであるが，近くの農家で籾殻（もみがら）を田に集めて火をつけて灰にしているときに，さつまいもを入れさせてもらうとおいしい焼き芋ができる。その後，灰は畑や田の肥料になる。これは先人の知恵である。ほかにホットプレートを使って料理をすることがある。芋の皮を皮むき器でむいたり，包丁で切ったりする。危険な刃物を使うときは，気持ちを落ち着かせ，静かに物に向かわせるようにしなければ，大きな怪我につながる。危険なものを安全に使わせる指導が必要である。また，食べるときにはさつまいもの栄養価について保育者が話をすることで食べ物への関心を高めることができる。食物の栄養価を話すことで，子ども自ら自分の身体を丈夫にしようとする気持ちが芽生えることにもなる。これは自分の命を守ることでもあり，健康な生活を築こうとする気持ちを育てることになる。領域「健康」の「ねらい」の「（3）健康，安全な生活に必要な習慣や態度を身に付ける」である。さつまいもは食べるだけでなく，芋掘りの経験を友だちと共同画や製作と

いう造形活動，わらべうた遊びにも発展させることができる。これは領域「表現」の「ねらい（2）感じたことや考えたことを自分なりに表現して楽しむ」である。また，料理したときにむいた皮をうさぎや鶏の餌にすることで園で飼育している生き物がどのようなものを食べるのかを知る機会にもなり，食べ物を大切にすることを子どもに指導する場にもなる。これは領域「環境」の「内容（5）身近な動植物に親しみをもって接し，生命の尊さに気付き，いたわったり，大切にしたりする」である。物の命をもらって私たちは生かされている，物の命の尊さを子どもたちに伝えることでもある。

事例を分析してみると，どの領域にもかかわっている。保育内容は，主体となる子どもの生活から考えて，領域別指導ではなく，自然な姿で活動をさまざまな角度からとらえて，発展させ，工夫させる，総合的なものが望ましい。

学習課題

○今を生きる子どもにとって必要な体験を，特色ある保育内容としてしかけるならば，あなたはどのようなテーマを取り上げますか。
○地域をテーマとした保育内容・実践を展開しようとする時，その準備段階において保育者は何をすべきか，具体的に考えてみよう。
○幼児の諸能力は一つの活動のなかでさまざまなことと関連しながら発揮される。したがって幼児の姿をさまざまな側面から総合的にとらえる必要がある。事例をあげて分析をしながら「総合的な指導」について話し合ってみよう。

参考文献

小松崎進編『この本だいすき』高文研，1998年。
岸井勇雄・小林龍雄『環境』チャイルド本社，1990年。
田中亨胤・中島紀子『幼児期の尊さと教育』ミネルヴァ書房，2001年。
室谷敦子「悪役にはまってしまった…私たち!?」『女子体育』，第41巻第5号，1999年。
文部省『幼稚園教育要領解説』フレーベル館，1999年。

（得能 公子・室谷 敦子）

第12章 保育内容の課題と展望

　　ここでは，現在の全国の公立幼稚園での保育内容の実際を概観し，その内容から編成原理を探り，現在抱えている保育内容面での課題とその展望を明らかにする。現在の幼稚園では，その多くが「幼稚園教育要領」にのっとり，各幼稚園でねらいに応じて具体的な保育が展開されているのだが，「ねらい」は共有できるところがあるものの，実際には全国でやや一律な保育内容が見出された。幼児の状況が異なる事実に即して，本来は各園で特色ある保育内容の開発がさらにのぞまれるべきである。その将来の方向性についても提言した。

1　保育内容の現在

(1) 保育内容における「ねらい」

　現行の「幼稚園教育要領」では，各幼稚園が創意工夫をもって，保育内容も考えられるべきであるとされている。その結果，さまざまな保育活動が行われている。そして，保育内容を編成する基本として，まずその保育をとおして何を獲得させようとしているのか，その「ねらい」が肝要である。そして，その「ねらい」に即した具体的な保育内容を通して幼児の日々の発達が保障され，健全な成長が促進されている。そこで「ねらい」と「内容」について実際に現在どのようなことが行われているのかという目的で全国調査を行った。主に，

第12章　保育内容の課題と展望

2003年全国都道府県にわたる267園の公立幼稚園の保育内容について，その教育課程や長期指導計画を検討し，整理した概要を示す。

まず，各園の保育内容の「ねらい」を整理した結果，「運動」「自己表現・自己発揮」「自立」「人とのかかわり」「工夫」「自然や社会事象とのかかわり」「表現」に関するものに分類できた。各「ねらい」について説明する。

「運動」に関する「ねらい」について，「戸外で遊ぶ」「身体を動かして遊ぶ」ほぼ同じ項目が並んでいる。しかし，同じ「ねらい」でも4歳では「遊ぶ楽しさを味わう」「運動を楽しむ」，5歳では「十分動かす」「運動遊び」といった年齢別の相違が若干みられる。

「自己充実・自己発揮」に関する「ねらい」については，3歳児では，「安心して」「遊びを見つける」という項目，4歳児では「遊びを楽しむ」，5歳児では，1年をとおして「力を発揮する」という項目が共通してある。

「自立」に関する「ねらい」は，3歳児にとくにこの項目が集中している。また4歳児前期の内容は3歳児前期の内容とほぼ同一である。4歳児の調査対象は約半数が2年保育であり，4歳児入園当初のねらいは，3歳児入園当初のねらいと共通するものと考えられる。5歳児では，初期と末期に「自覚」という項目があるが，これも学年の区切りを意識している。

「人とのかかわり」に関する「ねらい」では，友だちや先生とのかかわりについて，どの時期にも多く示されている。3歳児，4歳児では時期が進むに連れて，「先生と」「先生や友だちと」「みんなと一緒に」「気の合う友だちと」とのかかわりの対象の変化がわかる。さらに5歳児では，「気の合う友だちと」「友だちと一緒に」「グループの友だちで」「グループや学級の友だちと」といったかかわりの広がりを示す項目の変化がある。同時に，「親しむ」「触れ合う」「かかわる」（3・4歳児），「つながり」（4歳児後期～），「イメージを出し合う」「力を合わせて」（5歳児中期），「話し合う」「互いに認め合う」（5歳児後期）というかかわりの深まりがみられる。

「工夫」に関する「ねらい」については，3・4歳児ではこの項目に関する記述は少なく，5歳児に集中している。「目的や課題に向かって，多様な工夫

をする」ことを5歳児では期待していることがうかがえる。

「自然や社会事象との関わり」に関する「ねらい」については，調査対象全体の84.6％にあたる園において，自然とのかかわりに関する「ねらい」が示されている。ほとんどの園で，自然とのかかわりを重要な保育内容と位置づけていることがわかる。5歳児後期には，「遊びに取り入れて」という項目があり，5歳児末期になると自然だけではなく，社会事象や文字・数といった記号へのかかわりに関する項目もみられる。

「表現」に関する「ねらい」については，3学年とも後期からこの項目の記述がある。「自分なりに表現する」は3歳児の特徴的な項目である。4歳児・5歳児でも「考えたこと，感じたことを様々な方法で表現する」という項目が並んでおり，記述に関しては，学年差はあまりない。

（2）保育内容の実際

各園の具体的な活動内容に関する記述を抽出した結果，活動内容を「運動に関する活動」「ゲーム的要素のある活動」「ごっこ的な活動」「言葉に関する活動」「身体音楽表現に関する活動」「造形表現に関する活動」「自然との関わりに関する活動」「人との関わりに関する活動」「年中行事に関する活動」「生活に関する活動」の10に分類した。全体として，「運動」「自然」「生活」に関する活動の種類が多くみられた。次に各内容について説明する。

まず，「運動に関する活動」については，全体として固定遊具を使った遊び，また「運動会」のある時期を中心に多様な活動が示されている。特長として，「なわとび」が4，5歳児にみられ，「跳び箱」「サッカー」「ドッヂボール」など，5歳児になってから多くみられる。「ゲーム的要素のある活動」については，3歳児の中頃から「ゲーム・ルールのある遊び」「鬼遊び」が始まり，5歳児まで続く。各学年の冬の時期には「お正月遊び」が多く行われている。「ごっこ的な活動」については，3歳児後期に集中する。3歳児初期からある「ままごと」は5歳児前期までで，4歳児後期から5歳児にかけて「お店・レストランごっこ」がある。「言葉に関する活動」については，3学年すべての

時期に「絵本や紙芝居・お話・物語」が多く行われている。5歳児末にいくつかの言葉に関する活動があげられている。「身体・音楽表現に関する活動」については、「リズム・ダンス・身体表現等」と「歌」は全時期にあり、保育に欠かせない活動であることがわかる。3，4歳児では手遊びが、5歳児ではペープサート、人形劇が加わる。また、各学年の後期には「発表会」を中心とした劇表現に関する活動があげられている。「造形表現に関する活動」については、「作る」「描く」ことも各学年のほとんどの時期に示されている。「粘土」や「積み木・ブロック」は、各学年共初期に集中している。4歳児では「遊びに使うものをつくる」という活動も多くみられる。「自然との関わりに関する活動」では、各学年とも初期には「砂・土・泥」「草花」「水」、後期の「木の実・木の葉」「雪」「氷」「霜」など、年間を通じて多くの具体的な項目がみられる。「人との関わりに関する活動」では、とくに各学年末を中心に「年少・年長児（異年齢）と関わる」ことが多くある。5歳児では、「小・中学生と関わる」ことや「施設を使う」といった活動も行われる。「年中行事に関する活動」では、各学年とも「こどもの日」「七夕」「クリスマス」「餅つき」「節分」「雛祭り」などに関する活動を行っており、年中行事を保育に取り入れていることが窺える。5歳児末では「一日体験入学」が多くなっている。最後に、「生活に関する活動」では、3歳児から4歳児初期まで、「身のまわりの始末」「手洗い、うがいの習慣」「着替え」「遊びの準備や片付け」といった生活習慣に関する多様な活動が集中している。さらに、4歳児では「挨拶」も加わる。また、4歳児末から5歳児にかけては「当番活動をする」こともあげられている。

2　「ねらい」と保育内容の関係性

(1) 3歳児の「ねらい」と保育内容

　各年齢・期ごとの保育内容を詳細にみることによって、その時期にどのような「ねらい」をもって、具体的にどのような「活動」を通して育てようとして

いるのかという保育の方向性を,学年を通して明らかにしたいと思う。

 3歳児初期では,はじめての集団生活であることから,「歌」「手遊び」「紙芝居や絵本・お話や物語」といった保育者を中心とした活動により,保育者に親しみ,集団生活に対する安心感,安定感をもてるようにしている。また「飼育動物」にかかわることも,安心感をもつ一つのきっかけとして位置づけられている。さらに,「草花を見る・摘む」「砂・土・泥を使う」といった戸外での開放的な活動が多くみられるが,これらも幼児が喜んで登園し,安定して過ごせるための中心となる活動であろう。また,生活の流れ,生活の仕方を知り,園生活に慣れるために「身の回りの始末や整理」「手洗い・うがい」「食事」「着替え」といった基本的生活習慣にかかわる活動が数多く保育内容として取り上げられ,自立へのスタートとしていることも,入園当初のこの時期の大きな特徴である。

 3歳児の6～7月頃は,季節感を感じて,戸外に出て身近な自然,とくに水に触れる活動が多く,「水を使う」「プールで遊ぶ」などがあげられている。さらに,「小動物を捕る・見る」「草花を見る・摘む」ことや「砂・土・泥を使う」ことは,初期に続いて多く示されている。これらは,自然と触れるというねらいだけでなく,喜んで遊んだり,安心して生活したりするといったねらいにも関係した活動内容と考えられる。また,保育者と親しむだけでなく,保育者を中心にしてさらに友だちとも触れ合うことができるように,「リズム・ダンス・遊戯等」「歌」の活動が初期に引き続き,多く取り上げられている。加えて,身の回りの自分でできることは自分でしようという自立への意欲も期待して,「身の回りの始末や整理」「用便」などの生活習慣に関する活動があげられている。とくに「食事」「着替え」が初期よりも多くなるのは,生活に慣れた時期に弁当や給食が始まること,砂遊びや水遊びなどにより着替えの機会が増えることが理由と思われる。

 夏休み後の期は,はじめての運動会をむかえて,「運動会に関する活動」を中心とした「リズム・ダンス・遊戯等」など,戸外で体を動かす活動が多くなっている。この運動に関する活動が多くあるという特徴は,後期に引き続いて

いる。また，この時期から「ゲーム・ルールのある遊び」が出現している。これは，戸外で体を動かす活動であると同時に，友だち同士で触れ合っていくための活動として，主に保育者の側から提示されている。"のびのびと"という「ねらい」に示されているように，この時期は戸外での活動が中心としている。それは体を動かす活動だけにとどまらず，「砂・土・泥を使う」「水を使う」「虫を捕る・見る」「草花を見る・摘む」「木の実・木の葉等を採る・使う」といったような，多様な自然物を用いた遊びが取り上げられている。

　初期・前期に引き続き生活に関する活動もあるが，園生活の仕方がわかってくる時期であることから，全体のなかでは位置づけが小さくなり，遊びに関する内容の割合が増えている。3歳児後期では，活動内容の種類が，多岐に渡るようになり，とくに運動に関する活動や表現に関する活動内容の種類が増える。また，中期に続き，「運動会に関する活動」「リズム・ダンス・遊戯等」といった，のびのびと体を動かす遊びに加え，新たに「ボールを使う」「三輪車・自転車等に乗る」という活動も取り上げられる。さらに，身体・音楽的な表現活動として「リズム・ダンス・遊戯」「楽器を使う」「歌」「劇をする」がある。これは，「発表する・発表会」がこれからあることから，これをきっかけに表現への関心を高めていることがうかがえる。

　また，「作る」「絵を描く」という造形的な表現活動も多い。一方，人間関係では，好きな友だち，気の合う友だちができ，その友だちと十分かかわりをもてるような「ごっこ遊び」が増えている。また，「ゲーム・ルールのある遊び」に加えて，この時期には「鬼遊び・鬼ごっこ」「童歌遊び」といった活動もみられる。これらも，友だちとのかかわりをもち，同じ遊びをする楽しさを味わう活動として位置付いている。さらに，3歳児末には，後期に引き続いて友だちとかかわり，一緒に遊びを進めていける活動として「ゲーム・ルールのある遊び」「ごっこ遊び」「鬼遊び・鬼ごっこ」などが多い。また，「正月遊び」はこの時期に集中している活動であるが，ここでも，友だちとのかかわりを十分にもつことを期待している。

　加えて，身近な冬の自然にかかわる活動として「雪」「霜」「氷」が取り上げ

られている。この3つは4歳児末，5歳児末にも同様にあげられている。さらに，「年長児と関わる」ことが多くあるが，進級に期待をもつきっかけとして考えられる。これは，学年の節目の時期であり，"大きくなった喜び" "自信をもって行動" "意欲的に取り組む" といった「ねらい」があげられているが，それまでの時期と比べて活動内容は大きく変化していない。安定して同じ遊びをするなかで，幼児の気持ちを次学年に向けていこうとしているといえよう。以上，3歳児では，まず，基本的生活習慣による自立を促し，集団生活のなかで自分の位置の確認を実感することで，生活に安定性をもたせるための活動が大いになされていることがわかる。さらに，そこを基盤として徐々に友だち関係を拡大していく傾向が図られていることもうかがわれる。

（2） 4歳児のねらいと保育内容

次に，4歳児の特徴として，「紙芝居や絵本・お話や物語」「歌」「砂・土・泥」「草花を見る・摘む」50件以上の記述があった。これは，3歳児初期に多く見られた活動内容と同様である。本調査では，4歳児の半数以上が2年保育の幼稚園であり，半数の幼稚園ではこの時期は入園当初に当たる。したがって，保育者に親しんだり，戸外での遊びによって登園の喜びや安心感をもたらそうとすることは，3歳児入園当初と共通するものと考えられる。また，「身の回りの始末」「用便」「手洗い・うがい」「着替え」「食事」といった生活にかかわる活動内容も3歳児初期と同様に多く示されている。ただ，3歳児初期とは異なり，「できることは自分でしよう」という生活の自立をめざした指導が行われている。さらに，「挨拶をする」が多くあげられているが，入園，進級いずれにしても，新たな先生や友だちとのかかわりがあり，そのかかわりのきっかけとしての「挨拶」を重要な内容ととらえていると推測される。

一方，遊びの活動で，「ままごと・お家ごっこ」も，新たな友だちとの関係を構築するきっかけとして，この時期に必要であり，この年齢の幼児に最も好まれる活動であることがうかがわれる。4歳児の5，6月頃には，「ねらい」として戸外での遊びへの取り組みがあげられている。したがって，活動内容で

は「自然に触れて見たり遊んだりすること」が戸外での活動の中心にある。なかでも，3歳児前期，5歳児前期と同様に，「小動物を捕る・見る」「プール」「草花を見る・摘む」といった活動が多い。また，「砂・土・泥」「水」といった活動も多いが，いろいろな素材を用いる経験を積み重ねることを大切にしている時期である。その他「紙を破る」など素材に直接触れる活動内容を示している園もあった。

さらに，戸外での活動だけでなく「作る」「絵を描く」ことも多く示された。梅雨期から夏にかけての時期であり，天候に応じて，室内での活動もうまく取り入れていることがうかがえる。加えて，4歳児初期には生活習慣に関する活動が多くあげられているが，この時期になるとどの内容も減少している。これは，この時期になるとかなり基本的な生活習慣が育まれているからだと考えられる。4歳児の秋頃には，ほかの年齢と同様「運動会」が一つのきっかけとなり，「かけっこ」「縄跳び」などの活動の種類が増えている。たとえば，「リレー」がこの時期に見られるが，運動会などで5歳児からの刺激を受けることが考えられる。

また，「みんなと一緒に」「集団のきまりを守る」という「ねらい」があることから，多人数でのゲーム的な要素のある活動に興味が向く時期であり，集団としての遊びの充実をねらっていることが推測される。また，「ゲーム・ルールのある遊び」も4歳児初期，4歳児前期に比べ多くなっている。一方，生活に関する活動では「遊びの準備や片付け」が多く示されている。遊びだけでなく，園生活全体を通して，学級の一員としての意識を高め，生活をすすめていこうとする意識へ向けていくことを始める時期であると考えられる。4歳児後期には，表現に関する活動，とくに「リズム・ダンス・遊戯」「歌」「楽器」「劇」など，身体や音楽での表現活動が多くある。また，ねらいのなかにも"ルール"という記述が多く示されており，「ゲーム・ルールのある遊び」が多く展開されている。友だちとのかかわりに関する「ねらい」も数多く示されているが，遊び方の変化，それにともなう交友関係の変化が生じていく時期と考えられる。「遊びに使う物を作る」こともこの時期に増えており，保育者が用

意した環境だけでなく，幼児自身が遊びを創り出していくという遊び方の変化がわかる。

　生活習慣に関しては，秋から冬への季節の変化の時期に当たることから，「手洗い・うがい」が多くなっている。4歳児の後期には，進級に対する自信，期待をもたせることのきっかけとして「年長児と関わる」ことがあげられる。遊びのなかのかかわりだけでなく「飼育動物の世話」を引き継ぐといった活動により，園内での年長児としての意識を高めていることがうかがえる。それは，学級内でも「当番活動」が多く取り入れられていることからもわかる。これもまた，年長児への意識の高まりと，生活のなかで力を発揮していこうという意欲を期待した活動内容であろう。また，4歳児に増え始めた「ゲーム・ルールのある遊び」や「縄跳び」は，この時期にはさらに数多く示される。継続した遊びのなかで，友だちとのつながりを深めたり，考えを出し合ったり遊びを工夫しながら展開する時期ととらえる。加えて，自然とのかかわりでは「雪」「氷」「霜」とのかかわりがあり，これは3歳児末期，5歳児末期と共通している。

　以上，4歳児では，3歳児と同様，十分な自立の上に，さらなる生活の拡がりをめざす内容となっている。そこでは，表現の充実にともなう自分の生活の充実感と，そこで織りなす集団における自分の位置づけをルールのある活動で，徐々に明確にしていく内容となっていることがわかる。

（3）5歳児の「ねらい」と保育内容

　5歳児は，年長児としての自覚を促す具体的な活動として「年少児と関わる」「当番活動をする」ことがあげられる。これらの活動により，責任感や自分以外の他者のために行動しようという気持ちをもたせていることが考えられる。それは具体的に，年長児になったことを喜び生活を楽しむことに関して，「固定遊具を使う」「ままごと・お家ごっこ」「作る・制作」「絵を描く」「粘土を使う」などの具体的な活動が見られる。これらの遊びに共通することは，個人または数人の幼児を単位とした活動という点である。それぞれが，まず自分

の好きな遊びを見つけ安定して遊べることを期待していることが推測できる。

　一方で「リズム・ダンス・遊戯」「歌」「鬼遊び」「ゲーム」「紙芝居や絵本」「童歌」「手遊び」などの活動もある。これらは，学級全体や大勢の集団を想定した遊びであると考えられ，新しい環境や保育者・友だちに親しめるよう，個別の活動だけでなく，意図的に集団での遊びをとりあげていると思われる。また，春の自然とのかかわりでは，「飼育」「栽培」を始めている。また，「散歩・園外保育」を実施することにより積極的に戸外に出ることを進めたり，「砂・土・泥を使う」「草花を見る・摘む」「小動物を捕る」など直接的な自然物とのかかわりを大切にしていることがわかる。開放感を味わいながら自然とかかわることは，生活を楽しむというねらいにも繋がっていると考える。

　さらに，「挨拶」「生活の仕方」「食事の仕方」「遊びの準備・片づけ」「身の回りの始末」といった基本的生活習慣に関する活動内容も多く示されている。「ねらい」の一つに，新しい環境に慣れることがあげられており，生活を安定させるために生活習慣に関する指導を重視していることがうかがえる。5歳児の5，6月には，気候的な配慮から「砂・土・泥を使う」「水を使う」という自然素材を直接使う活動が多い。とくに「プールで遊ぶ」「色水を作る」「シャボン玉を作る」など水を使った遊びは，夏の自然体験として欠かせないものである。初期に続き「小動物」「飼育」「栽培」などの活動内容があるが，新たに「図鑑などで調べる」という項目があり，ただ触れ合うだけでなく，科学的な視点をもったり，考えたりすることも自然とのかかわりのなかでとりあげていることがわかる。

　また，「巧技台」「鉄棒」「跳び箱」など運動に関する遊びが見られるようになり，いずれも自分で挑戦しながら取り組む活動である。一方，「サッカー」「リレー」など個人ではなく，友だちとの意思疎通が必要な運動的な遊びも出てくる。ごっこ遊びでも「お店・レストランごっこ」があり，ままごとよりも友だちとのイメージの共有が必要な遊びへと変化している。「遊びに使うもの・必要なものを作る」という活動も，友だちとのかかわり方の変化，遊び方の変化を示すものであろう。このような運動や自然とのかかわりなど戸外での

活動が中心となることを受け，生活習慣に関しては「衣服の調節・汗の始末」という内容が示され，自分自身での体温調整を考える内容がみられる。

　5歳児の秋頃には，多くの園で「運動会」が行われ，それに向かって自分で挑戦し力を発揮したり，友だちと力を合わせたりすることを「ねらい」としている。具体的な活動内容でも「リズム・ダンス・遊戯」「リレー」「かけっこ」「競争」「体操」など運動会をきっかけにしていると思われるものが目立つ。また，「ゲーム・ルールのある遊び」も運動会と前後して，幼児に定着していく活動のようである。自然とのかかわりでは「虫を捕る」ことがあげられているが，自然の変化に応じながら遊びが変化していることがわかる。

　5歳児後期は，「リズム・ダンス・遊戯」「劇」「楽器・合奏」「歌」「人形劇・ペープサート」「表現」などさまざまな表現活動がみられる。「発表をする・発表会」もこの時期に集中しており，一つの行事として共通の目的をもたせ，表現活動を進める場合も多いようである。「紙芝居・絵本・お話・物語」も多く記述されているが，それらを通してイメージをふくらませ，表現へ繋げていると思われる。

　さらに，新たに「ドッヂボール」もこの時期から末期にかけてみられるが，これも友だちと考えを出し合ったり話し合ったりして進める必要がある遊びとして位置づけられよう。また，自然物を生活に取り入れることに関しては，主に「木の実・木の葉」が素材とされている。ただ，集めるだけなく，さまざまな遊びで活用していくことをねらいとしている。10件以上の記述はなかったが，収穫したサツマイモで芋版をするという活動の記述もあった。生活習慣に関しては「手あらい・うがい」「衣服の調節・汗の始末」という季節の変化に対応した活動が前の期に継続して示されている。5歳児末期には，「雪」「氷」「霜」といった冬の自然物を遊びに取り入れる活動内容が示されている。とくに雪の多い地域では，これらの活動は重要なものである。また，「縄跳び」は，自分なりの課題を設定し繰り返し挑戦できる活動として扱われている。さらに，修了に関する活動として「アルバム・文集を作る」「修了制作」「大掃除・園内の整理」「作品の整理」がある。「年少児と関わる」ことも増え，当番活動の引

継等により修了を意識させている。

　具体的には「1日入学」により，就学への期待も高めている。目に見える課題を投げかけ，幼児の意識を変化させていることがうかがえる。10件以上の記述はなかったが「学校ごっこ」という内容もあった。遊びでの幼小連携としての内容は，「お正月遊び」「伝承遊び」を通じて，文字や数量への関心を高めることを「ねらい」としているのも，この時期の特徴である。その他「言葉遊び」「学級で話す・話し合いをする」「郵便ごっこをする」など言葉への関心を直接の「ねらい」とした活動もみられる。これらは，就学にあたり国語，算数などの教科内容を意識したものと考えられる。

　以上，5歳児では，年長児としての自覚と学校への期待が双璧をなし，当番活動や異年齢へのかかわりなどその幅は拡大し，さらに活動では，素材を駆使した集団での表現の工夫，科学的な視点など深まりがみられる活動となっている。小学校への期待では，文字・数量への関心を高める工夫が活動のなかにされている。

(4) 3年間の保育内容と継続性

　全体の傾向として，3歳から5歳まで一連の継続性のある活動内容が並んでいた。とくに，活動が重複しながらも確実にその活動を経験し，それを通してその時期の「ねらい」が達成されるように活動が配置されていることがわかった。しかしながら，地域差よりも，50園で実施されている活動も多く，全国的な公立幼稚園の大枠の活動は共通したものが多かった。

　3歳児では，まず集団生活のなかでの安定性と自立をめざし，また4歳児では，その自立の上に世界の拡大を図り，自らの生活の組み立てと集団でのルール，自己表現の充実をめざし，5歳児では年長児としての自覚をもつとともに，素材を駆使した遊びの工夫，科学的な視点，集団的なゲーム・スポーツをとおして自らの挑戦，課題，工夫をこらす，さらには小学校への進学を視野にいれた文字・数量への関心を高めることが含まれていた。いずれも各学年での段階的・継続的な内容と，拡充がみられ，それを横軸とすると，3年間を通しての

縦軸の継続的な育ちを意識した内容配分となっていることをうかがうことができた。しかしながら、幼小連携では、5歳児の自己充実での継続性、人とのかかわり、工夫、自然や社会事象とのかかわりにおいて、質的な発展・継続性はみられず、3～5歳児の継続的な育ちを意識した「ねらい」に比べて幼小連携が連続していないことが明らかとなった。

　本来、地域や幼稚園によってもっと特色ある活動がみられた方がそれぞれの幼稚園の特色を表していると思われることに反して、やや似通った内容であった。この点については、自然とのかかわりにおいて若干記述において地域の特性がみられたので、それらを活動の軸として、もっとその地域でみられる自然素材等を生かして保育に工夫を重ねることが必要であろう。同じく運動文化についても、運動会でのリレー、サッカーなど全国的に共通の活動が多く、たとえ地方でテレビ等による情報によって、その差はなくなっているのではないかと思われる。地域文化から教材を工夫することも必要であろう。

3　保育内容構築の課題

(1)「幼稚園教育要領」と保育内容

　幼稚園では「幼稚園教育要領」の目的に沿って、さまざまな活動が行われている。そして、その保育内容を通して幼児の日々の発達が保障され、自立・自律に向かって健全な成長が促進されている。しかしながら幼稚園教育は、大きな方針である「幼稚園教育要領」は制定されているものの、小学校の「学習指導要領」の内容に比較すると大枠が示されているにすぎない。また、「幼稚園教育要領」に沿った教科書があるわけではない。幼児の成長は、日々の保育者の創意工夫で保育活動を実施していかなくてはならないのである。加えて、子どもの状況を理解した上で環境を整え、環境をとおした間接的な教育方法がとられる。さらに、その保育の結果がどのような効果があったかという評価も難しい問題である。短期的には「できなかったことができるようになった」という評価はできるものの、幼児の内面で起こされ、それが基盤となって形成する

内的な成長は，外から判断することは難しい。これらは幼児教育の特性であるといわれているが，この問題を解決する手立ても試みられている。その一つが幼児の内面性を推測する手法としての「人間学的」アプローチであり，あるいは指導後の省察，ねらいに対する評価の観点を含めた指導法のあり方の探究等であろう。しかし，いずれの場合も幼児にとって何が保育活動の決め手になるのかは明瞭とはならない。

このような状況のなかで，保育内容としてどのようなものが適切であるのか，という素朴な教材論への答えをだすべく多くの頁数を割いてきた。もちろんさまざまな具体的な方法が提示されたが，それが現実の目の前の子どもに対して有効であるのか，この点の検証は難しい。しかしながら，教材内容は子どもの実態があって立ち上がるものであろうが，往々にして「教材が先にありき」になっている現状がある。何かを教えるために子どもがいるのではなく，子どもの成長・発達を促すために保育内容がある。換言すれば保育内容はそのための「手段」であるといえよう。しかしながら，手段であるからこそ，具体的な内容が必要になってくるのである。感じたことを自ら考え，自分の成長の糧を獲得していけるような人間をめざして，その時期にふさわしい内容が準備されるべきである。

現在はその効果のあらわれとして「脳科学」の進展が教育に貢献しているところがある。文部科学省も関連のプロジェクトを発足し，また脳科学者も教育に携わる教育者や保護者を対象に子どもの成長過程での脳の発育にふさわしい生活のあり方を多くの啓蒙書を出版し，警告を発している。

(2) 保育内容の展望

保育内容を導く共通要素として，次のものが抽出できる。すなわち，生活，遊び，イメージ，リズム，音，身体，仲間，物である。これらは表現活動の基盤となるものであり，さらにそれらのかかわりのなかで活動が生み出されるものである。これらのかかわりは，換言すれば「心と身体」のかかわりでもあり，生命的なリズムが脈々と流れて幼児の生活・遊びとして実現されているもので

ある。保育内容を教科内容的に分割することでは，幼児の保育内容の実体にはとどかない。それらを切り離さないで深く結びついたままの体験をつよくもたせる内容・方法が望まれる。幼児は，内的衝動としてわき上がってくるものに突き動かされて身体を情感のなかで動かした結果のあらわれとして行動が起こされる。

　何かに「なる」振り行為でも，イメージしてそれを外にあらわすのではなく，身体で認知することでイメージの形ができ上がっていく。自らの身体をもってそのものを取り込んでいく。幼児にとって内面的なものと自分の外との関係が非常に近く，内面が身体の外の領域と融合した，一体化に近い関係をもっている。身体で認識する外界は直接的であり，身体感覚という確実な実感をともなっている。そこでは，外と内のやりとりも非常に頻繁に行われる。環境による間接的教育とか，幼児にとって環境が重要であるといわれる理由もそこに見出されよう。

　幼児の仲間同士の遊びはイメージを共有して成立する。それは目に見えないものを感じ取る機能を働かせているからこそ活動が継続されうる。意識的な伝達を必ずしも目的としていないものでも，イメージは伝わり，その子どもの内面である発信を受容し，読みとることで遊びが成立している。そこに，ふれあい，かかわりあうこととしての「間身体」といわれるなかで，遊びも成立するのである。

(3) 保育内容の創造
　保育内容を備える以前に，まず，幼児がそこに存在していること自体に気づき，受容し，認める保育者の役割こそが肝要である。しかし，具体的に，幼児の内面的な精神世界や幼児同士に交わされているやりとりといった見えないものを感じ，とらえ，さらに発展させていくことで，どのような方向性に幼児の内面性を育んでいくのかという手立ては，大変難しい問題である。しかし，次のことは提言できよう。

　第1に，幼児理解を前提とした生活，遊びを基盤とした保育内容の展開であ

る。活動内容よりも，はじめに「生活，遊びありき」である。前述した教育課程内容のなかに多くの創造的な活動にあたるものが具体的に記述されていることがわかった。幼児の日々の遊びと結びついた活動として，新たに創り上げる保育をめざすことである。従って，その内容は園，幼児，クラスによりつねに変わっていくものである。

第2に，保育内容において幼児自らが表現を担う要素が多く盛り込まれ，深く結びついている活動である。これは，イメージが豊かに，大きくふくらみ，幼児の創意工夫がみられ，生き生きとした生命力があふれる活動となることである。

第3に喜びがあふれる活動である。この活動をとおして幼児の表情が活動を開始する前よりも集中し，明るくなり，身体の動きも明確にみえるようになることである。身体の動きは往々にして心の動きを示す。このように創造的な保育内容のあり方を考えると，それは決して結果論ではないことが明確となる。保育内容は子どもの内面的成長を促すためにあるのであり，決してその内容を獲得，収得させるためのものではない。より，その子どもがその子らしく生きることができるような，保育内容を創造していくこと，これこそが保育者や保育研究の与えられた使命であろう。

学習課題

○各年齢の保育内容と課題についてまとめてみよう。
○あなたの考える幼児期にふさわしい保育内容を具体的に考えよう。

参考文献

名須川知子「創造的保育内容の構築」『第58回日本保育学会論文集』2005年。
名須川知子，小谷宜路「保育内容の構築に関する研究——公立幼稚園における保育内容の調査を中心に」『兵庫教育大学研究紀要』第26巻，2005年。

（名須川　知子）

索　引
（＊は人名）

■ア行

あいさつ　10
遊びの後片付け　49-51
遊びの充実　51, 52
遊びの特性　110
あたりまえの生活　83
アフォーダンス理論　118
あるがままの子ども　83
安心感　26, 35, 79
医学的アプローチ　85
生き物とのかかわり　69
生きる力　96, 97, 99, 105, 106
一語文　23
1対1のかかわり　42
居場所　35, 38, 39, 46, 48
イメージ　52, 53, 119
インクルージョン　84
動く環境　117
運動遊び　65
衛生・清潔　9
園生活のリズム　44
応答的　25
大勢　54
　──で遊ぶことへの興味　56
穏やかな育児　3
思い出　14
思いやり　160
親離れ　6

■カ行

開放的な活動　35
かかわりを広げる　54
かかわりを深める　54, 56, 58
隔離飼育　11
学級委員　53, 54

学級活動　65
学級共通の課題　53
葛藤　60
環境から学ぶ　159
環境構成　116
環境図　120
環境設定　35
環境とのかかわり　158
環境について学ぶ　163
環境のあり方　114
環境のために学ぶ　165
感情体験　72, 73
感性　68, 161
間接的教育　185
　──方法　184
感動体験　161
基礎的事項　21
期待感　76, 78, 79
気になる子ども　67
期の指導計画　127
基本的生活習慣　27, 33, 37, 84, 178, 179, 181
きまり　11, 73
きめ細やかな指導　37
教育課程　123
教育勅語　146
教育的アプローチ　86
教育的視点　19
共感　43
共生　12, 157
競争意識　66
共存　12
共同体　64
　──としての遊び　71, 75
恐怖の2歳児　5
グループ　50, 51

劇遊び　61
月間指導計画（月案）　127
健康発達　8
好奇心　7, 12, 13
高機能自閉症　86
硬食　8
交流　76, 77, 79
交流活動　79
個人差　19
個人の生活　49, 50
午睡　9
ごっこ遊び　27, 58
子離れ　6
個別の指導支援計画　92
コミュニケーション　106, 108
　　──の生成　12

■ サ行
3歳児初期　175
3歳児末　177
自我　27
自我意識　60
時間割　147
自己主張　27
自己目的的活動　110
指導計画　126
児童福祉施設最低基準　18
児童福祉法　16
自発的活動　110
自分以外の存在　43
社会的自立　4
社会・文化的性　7
自由遊び　143
就学への不安　69
就学前教育　141
集団生活　49, 50
集団での遊び　65
週の指導計画（週案）　135
主体性を育てる保育　29

唱歌遊戯　144
情緒的な絆　21
衝突　57, 58
初期経験　4
食環境　8
食事　9
自立　34
自立心　38
新教育運動　146
信頼関係　40, 48
睡眠　9
睡眠指導　9
スキンシップ　41
ストレス　12, 13
刷り込み　4
生活習慣　49, 50
生活習慣病　8
生活の自立　33
生活の流れ　154
生活リズム　155
生存権　2
生物学的性　7
生理的依存　4
生理的早産　1
生理的リズム　18
責任の意識　160
外遊び　35

■ タ行
互い生活　10, 96, 97
他者との出会い　43
達成感　67
短期指導計画　135
探索活動　20
地域環境　157, 158, 161, 166
知的好奇心　7
長期指導計画　127
デイリープログラム　18, 135
東京女子師範学校附属幼稚園　141

統合保育　84, 85
動的なかかわり　118
同年齢の幼児　43
当番活動　49-51
童謡遊戯　146
＊土川五郎　146
特別支援教育　83
友だち　43
友だちとのかかわり　36
トラブル　44

■ナ行■

内的な成長　34
内発的動機　110
内容　113
仲間　45, 54, 56, 58
　安定した──　57
　──入り　71
　──とのかかわり　49, 54, 56
泣く　2
なりきって遊ぶ　58
喃語　2
軟食　8
乳児期　20
人間関係　36
人間形成の基盤　33
ねらい　113, 172, 175
年間指導計画　127
脳の成長　34

■ハ行■

排泄　9
配慮　75
発育測定　37
発想の転換　166
発達　112
発達過程区分　19
発達障害者支援法　84
発達的アプローチ　86

発達のリンケージ　13
発表会　61
場面緘黙児　89
人とかかわる力　104
人とのかかわり　106
一人ひとりの実態　37
日の指導計画（日案）　135
表現への関心　36
表情遊戯　143
不安感　76, 78
フォロアー　103
ふさわしい　48
ふさわしい園生活　111
ふれあいプログラム　11
保育時間割　150
保育指導案　114
保育者の意図　116
保育者のかかわり　112
保育者の共感　26
保育者の姿勢　28
保育者の役割　56, 57, 113
保育所保育指針　18
保育所保育の基本　16
保育所保育の特性　17
保育内容　49, 54, 110, 142, 172, 185, 186
　──と継続性　183
　──の総合性　166
保護者の協力　37

■マ行■

味覚感覚　8
身じたく　10
水との出会い　66
みたて　27
見通し　24
文字や数への関心　68
模倣　23

索 引

■ヤ行■

遊戯　142
誘導保育論　143
ユニバーサルな感覚　12
養護的視点　19
幼児期にふさわしい生活　111
幼児期の発達特性　111
幼小連携　75, 80, 182, 183
「幼稚園教育要領」　113, 172, 184
幼稚園生活の充実　36
「幼稚園令」　143
読み聞かせ　161

4歳児の特性　58

■ラ行■

リーダー的な子ども　101, 102, 106, 108
リトミック　143
領域　113
ルール　54, 73
　──のある遊び　54

■ワ行■

私たちの世界　59
私の世界　59

執筆者紹介（執筆順，執筆担当）

田中　亨胤（たなか・ゆきたね，編者，近大姫路大学）　第1章，第7章

中西　利恵（なかにし・りえ，相愛大学）　第2章

名須川知子（なすかわ・ともこ，編者，兵庫教育大学）　第3章第1節（1）（2）・
　　　　　4節（1），第8章第2節・3節，第10章，第12章

上月　康代（こうづき・やすよ，湊川短期大学）　第3章第1節（3）（4）・2節・
　　　　　3節・4節（2）（3）

小谷　宜路（こたに・たかのり，埼玉大学教育学部附属幼稚園）　第4章第1節・2節

多田　琴子（ただ・きんこ，神戸常盤大学）　第4章第3節

室谷　敦子（むろたに・あつこ，三木市立口吉川幼稚園）　第5章第1節・2節，第11章
　　　　　第2節

岸本美保子（きしもと・みほこ，兵庫教育大学附属幼稚園）　第5章第3節

森田　恵子（もりた・けいこ，姫路獨協大学）第6章第1節

小川　圭子（おがわ・けいこ，梅花女子大学）　第6章第2節・3節

柏　　まり（かしわ・まり，就実大学）　第7章

青井　倫子（あおい・ともこ，愛媛大学）　第8章第1節

長谷川裕美（はせがわ・ひろみ，近大九州短期大学）　第9章

得能　公子（とくの・きみこ，宝塚市立西山幼稚園）　第11章第1節

	MINERVA保育実践学講座　第4巻	
	保育内容総論	
2006年10月25日　初版第1刷発行		〈検印省略〉
2014年3月30日　初版第6刷発行		
		定価はカバーに表示しています

編著者	田中　　亨　胤	
	名須川　知子	
発行者	杉田　啓　三	
印刷者	中村　知　史	

発行所　株式会社　ミネルヴァ書房
607-8494 京都市山科区日ノ岡堤谷町1
電話(075)581-5191／振替01020-0-8076

© 田中，名須川他，2006　　　中村印刷・新生製本

ISBN978-4-623-04600-3
Printed in Japan